Bammes · **Studien zur Gestalt des Menschen**

Gottfried Bammes

Studien zur Gestalt des Menschen

Eine Zeichenschule
zur Künstleranatomie mit Arbeiten
von Laienkünstlern, Kunstpädagogen und Kunststudenten

E. A. Seemann

Die Deutsche Bibliothek – CIP-Einheitsaufnahme
Bammes, Gottfried: Studien zur Gestalt des Menschen:
mit Arbeiten zur Künstleranatomie von Laienkünstlern,
Kunstpädagogen und Kunststudenten / Gottfried Bammes. –
3., unveränd. Aufl. – Leipzig: Seemann 2001
ISBN 3-363-00761-2

www.dornier-verlage.de
www.seemann-verlag.de
3. Auflage September 2001
Die erste Auflage erschien 1990.
© Seemann Verlag, Leipzig
Der Seemann Verlag ist ein Unternehmen der
Verlagsgruppe Dornier.
Alle Rechte vorbehalten
Typographischer Entwurf: Prof. Dr. Gottfried Bammes
Umschlaggestaltung: groothuis & consorten, Hamburg
Satz: Type&Data Fotosatz, Wangen
Gesamtherstellung: Appl, Wemding
Printed in Germany

ISBN 3-363-00761-2

Inhaltsverzeichnis

Vorwort

Da der Ravensburger Buchverlag nun schon seit vielen Jahren mein Lehr- und Handbuch der Anatomie für Künstler »Die Gestalt des Menschen« erfolgreich in seinem Verlagsprogramm führt, entschloß er sich zur Herausgabe neuer Studien zum gleichen Titel. Es liegt hierin eine schöne Folgerichtigkeit, wenn nach der vorhandenen Studienausgabe zu meinem Buch »Die Gestalt des Tieres« sich das Bedürfnis nach einer Ausgabe zur menschlichen Anatomie für den Studierenden meldet.

Dem nachzukommen, gibt es – neben der Rücksicht auf die finanziellen Möglichkeiten vieler Leser – gewichtige Gründe. Denn mit dem Titel »Die Gestalt des Menschen« hatte ich mir vor allem die Aufgabe der *Vermittlung* von all jenen Sachkenntnissen und -erkenntnissen gestellt, die menschliche Formen in charakteristischer Weise prägen. Mit diesem Anliegen verbunden sind die stofflichen Verzahnungen, Folgen und methodischen Entscheidungen, unter deren Aspekten heute eine ertragreiche kunstanatomische Lehre ausgebildet sein muß. Daß dabei die erzielten Ergebnisse in Gestalt der Schülerarbeit nur exemplarisch, nicht in ihrer ganzen Breite und Vielfalt, ihrer Differenzierung, persönlichen Realisierung, Lösung und Qualität, vorgeführt werden können, dürfte leicht einzusehen sein.

Hier nun soll es um den Nachweis gehen, wie planvolle Lehre und wie Gelehrtes ihre Bestätigung durch die erzielten, allein von Schülerhand gefertigten Arbeitsergebnisse erfahren. Sie werden Ansporn und Ermutigung sein, um das Lehrbare in das Machbare zu übersetzen.

Der umfangreiche Ausgangstitel »Die Gestalt des Menschen« wird hier nicht als Kurzfassung einer Künstleranatomie vorgelegt und ist auch nicht ersetzbar durch Belege von Schülerarbeiten. Um es ganz deutlich zu sagen: Diese Studien zur Gestalt des Menschen stützten sich auf die Grundlagen von bereits vermitteltem Wissen. Es soll und kann hier nicht wiederholt werden, auch nicht in Kurzform. Hier hat allein der Schüler das Wort, und an seinen Arbeitsergebnissen ist, indirekt, das von ihm erworbene Wissen ablesbar. Unmittelbar aber geben sich seine herausgebildeten Fähigkeiten zu erkennen, die Grade und Qualitäten des Verstandenen und Erkannten. In einem figürlichen Naturstudium, wie ich es mit den Mitteln und Möglichkeiten der Künstleranatomie angeboten habe, ist verbales Wissen von sehr bedingtem Wert. Allein am zeichnerischen Resultat von Schülerhand erweisen sich Verstandenes und Erkanntes, und das von jedermann Erreichbare wird hier dem Leser, so meine ich, glaubhaft vorgewiesen.

Auch werden hier nicht Regeln und Rezepte für ein allgemeines und gefälliges Aktzeichnen gegeben. Die menschlichen Formen finden hier in *allen* ihren Ausprägungen ihren Niederschlag: Untersuchungen über die Eindrucksqualitäten der Proportionierung, über Ruhehaltungen im Stand und Sitzen, Orts- und Ausdrucksbewegungen, über Schädel und Kopf, über die Abschnitte des Körpers in ihrem Aufbau, ihren Funktionen und ihrer Plastik, vorstellungsgebundene Studien vom Skelett, sachliche Analysen vom Bewegungsapparat als Eindringen in Formbeschaffenheiten und schließlich die Integration von Einzelformbeständen in das figürliche Ganze.

Und daraus erhellt, daß hier kein Kunstmachen angepriesen wird, sondern Vorfeldleistungen deutlich werden, die ich als Basis »stockungsfreier« Arbeit ansehe. Auch möchte ich der subjektiven künstlerischen Erlebnisstärke die rechte, freie Entfaltung gewähren, ohne Ansehen und Rücksicht auf die künstlerischen Tagesmoden. Erst aus der Unabhängigkeit von ihnen, in Selbständigkeit des Wachsens *eigener*, persönlicher Anschauung reifen allmählich künstlerischer Ausdruck und Freiheit heran. Hierin liegt die eigentliche künstlerische Rücksichtslosigkeit.

Wollen wir zu einem bereits vorhandenen Standardwerk eine wirkliche Ausgabe für den Studierenden schaffen, so ist ein Anschluß daran geboten. Die einzelnen Kapitel sollen sich der Stoffabfolge der großen Ausgabe eng anschließen, den Schrittfolgen angleichen und, wenn erforderlich, durch Hinweise auf dort vorhandene Abschnittangaben (z. B. 1.3.6.) beziehen.

Der beigegebene Text zu den verschiedenen Kapiteln wird, in denkbar knappester Form, jeweils der Abbildungsfolge vorangestellt, um Ziel und Problematik der gestellten Aufgabe zu umreißen, aber auch, um den Charakter der Einzelkapitel als Vorbereitungsphase für nachfolgende zu begründen. Das organische kontinuierliche Hervorgehen des Folgenden aus dem Vorangegangenen ist ein Anliegen der Systematik. Nicht simple Aneinanderreihung, sondern Verflechtung, Miteinander, Ineinander und Füreinander der Stufen des Könnens werden die Arbeit zur Freude machen.

Auch die knappen, den Abbildungen beigegebenen Legenden unterstützen die Einführungskapitel und weisen auf die dem Schüler empfohlenen Lösungen und Realisierungen hin. Die Auswahl der Abbildungen ist aus sehr unterschiedlichen Ebenen, Voraussetzungen und Studienrichtungen hervorgegangen. Als meine »Schüler« darf ich in erster Linie die Studenten der Hochschule für Bildende Künste Dresden bezeichnen: Maler, Graphiker, Bildhauer, Restauratoren, Bühnenbildner, Theatermaler und -plastiker sowie Maskenbildner. Oft bezeugen deren Zeichnungen die Spezifik ihrer Ausbildungsrichtungen. Darüberhinaus kann ich Arbeiten von Lehrern der Schule für Gestaltung Zürich eingliedern, die an den dortigen Bammes-Kursen teilgenommen haben. Nicht zuletzt nehme ich Arbeiten von der Spezialschule für Malerei und Graphik, die ich über Jahrzehnte als künstlerischer Lehrer betreuen durfte, und von Hobby-Künstlern auf. Meine Forderungen an sie alle waren nicht gering. Am Ende aber steht nicht die Erinnerung an die Mühen, sondern an das Bewältigte. Ich hege keine Zweifel, daß auch der willig mitarbeitende Leser dem Erreichten nicht nachstehen wird, um eines Tages Natur in Kunst zu verwandeln.

Dresden, im Mai 1989

Vorwort

zur dritten Auflage

Wiederauflagen eines Titels sind für Autor und Verlag ein freudiges Ereignis, besonders dann, wenn sich die Erstauflage als so zuverlässig bewährt hat, daß Korrekturen, Ergänzungen oder andere Veränderungen nicht erforderlich sind.

Möge dem aufmerksamen Leser auch mit dieser dritten unveränderten Auflage die Freude zuteil werden, für seine bildnerische Arbeit einen wertvollen Ratgeber gefunden zu haben.

Dresden, im August 2001

Einführung

Diese Ausgabe macht den Leser mit fast zweihundert Studienzeichnungen bekannt. Sie repräsentieren das Selbstverständnis der Künstleranatomie als ein handhabbares, geistig handwerkliches Rüstzeug. Die Arbeiten sind in einem Zeitraum von vier Semestern mit wöchentlich dreistündigen Lehrveranstaltungen entstanden. Der Leistungsstand des 1. Studienjahres wurde mit einer Zwischenprüfung in Form einer dreigeteilten vierstüncigen Teilvorstellungsleistung getestet, das 2. Studienjahr mit einer dreigeteilten Zeichenaufgabe – ebenfalls als Teilvorstellungsleistung – abgeschlossen. Die Teilvorstellungsleistungen am Ende des 2. Semesters bestanden in kurzfristiger Gegenüberstellung mit dem Modell, um von seiner Pose eine Analyse der konstruktiven Skelettformen, der in Tätigkeit befindlichen Muskelfunktionsgruppen und der architektonisch verstandenen Lebendform des Beines darzustellen (siehe Abb. 63).

Die Abschlußprüfung am Ende des 4. Semesters sah das gleiche Verfahren – ausgedehnt auf die ganze Figur – mit fachspezifischen Orientierungen (siehe Abb. 162) vor. Weitere Arbeitsergebnisse stammen aus den Bammes-Intensivkursen in Zürich und Salzburg.

Welche über die anatomischen Sachbestände hinausreichenden, übergreifenden Bildungs- und Erziehungsziele werden durch die Abbildungen sichtbar?

In der Gegenüberstellung des zeichnenden Anfängers mit dem Aktmodell herrschen in der Regel neben der Betroffenheit Verwirrung über die Prioritäten des Beginns. Die Proportionserkundung z. B. gibt hierfür eine erste wichtige Grundorientierung, indem die Figur als gegliederte Ganzheit anzugehen ist, in der es Beziehungen des Teiles zum Ganzen als einer formensprachlichen Einheit gibt (Abb. 1–13). Die Formen haben unterschiedliche Charakteristika und Wertigkeit. Es werden die Eindruckswerte und visuellen Gewichte entdeckt: so die Hauptformen, die von Neben-, Zwischen- und Übergangsformen begleitet sind. Wir erarbeiten – nicht nur im Bereich der Proportionsuntersuchungen – eine Formenordnung, eine Formenhierarchie und innerhalb dieser die bestehenden Zusammenhänge.

Nicht das Getrennte, sondern das Verbindende hat die Künstleranatomie zu klären. Nur darum hat sie auch Einzeluntersuchungen vorzunehmen.

Ebenfalls zu den Prioritäten des Einstiegs ins Figürliche gehört die Vertrautheit mit den unumstößlichen Gesetzmäßigkeiten der Figur in Ruhe und Bewegung (Abb. 17–41). Komplikationslos lassen sich die in der Proportionserkundung gewonnenen Gesetzmäßigkeiten mit Ruhehaltungen und Ortsbewegungen fortsetzen. Dabei darf man nicht übersehen, daß eine Stand- oder Sitzhaltung (Abb. 13–16, 28–34) keineswegs nur einen mechanischen Aspekt, sondern stets auch einen psychischen hat. Hier muß sich der Zeichner einleben in die Gebärde, in das Miterleben und Miterleiden von Spannung und Lösung. Wir werden Einführungsbeispiele und in diesem Sinne auch für den Anfänger praktikable Vortragsweisen parat halten.

Natürlich haben die genannten zeichnerischen Primärakte und deren auf komplexe Auffassung zielenden Realisierungen ihre Grenzen. Um funktionelle Ereignisse zu verstehen, muß man die Beschaffenheit des einzelnen kennenlernen. Nahbetrachtungen, die von analytischem Vorgehen getragen werden, machen Formen und Funktionen in ihrer gegenseitigen Koexistenz überhaupt erst möglich. Will man z. B. die Formereignisse am sich bewegenden Knie (Abb. 57, 59–65) oder die plastischen Sensationen am Rumpf (Abb. 83–95) in Aktion, im Sinne des Formwesentlichen wirklich verstehen, muß man die Konstruktion der skeletalen Teile des Knies, die Elemente seiner Konstruktion in Form, Bestandteilen, Aufbau und Mechanik sehr gut kennen. Das gleiche gilt bei Rumpf, Becken (Abb. 58–60), Brustkorb (Abb. 79, 80) und bei der Wirbelsäulenmechanik, um daraus das Verhalten der Weichformen folgern zu können. Wir müssen also die Figur aus der Tiefe aufbauen, wenn wir nicht einer nur geschickten Oberflächlichkeit erliegen wollen.

Dies ist auch der Grund, weshalb die Gerüstformen auf einer möglichst weitgehenden Vereinfachung erschlossen werden müssen. Ich habe daher den abstrahierenden konstruktiven Skelettformen immer einen größeren Stellenwert als der Muskulatur eingeräumt (Abb. 79, 80, 82, 66, 102–109).

Es versteht sich, daß das erkannte Einzelne (und daher auch aus der Vorstellung zeichnerisch Reproduzierbare) wieder der Integration ins Ganze bedarf. Die Beispielfolge zeigt daher, daß alle zeichnerischen Untersuchungen von Abschnitten oder dem körperlichen Ganzen zuerst von der Fähigkeit getragen werden, die konstruktiven Formen zu entwerfen. Sie sind ein Formdestillat, das die Beweiskraft der Form enthält, d. h. sie gibt Auskunft über das funktionell und plastisch Mögliche oder Unmögliche. Die Darstellung der Leistungsbeantwortbarkeit des Organismus auf seine Leistungsanforderungen verschmelzen auch zu einer zeichnerischen Unauflösbarkeit.

Ist schon der Entwurf der konstruktiv bedingten Körperformen eine Form bauenden Zeichnens, um wieviel mehr muß das Zeichnen der Lebenderscheinung zu einem architektonisch verstandenen Zeichnen werden (Abb. 152, 87, 153–159). Hier geht es um die Herausarbeitung eines strukturellen Wechselspiels zwischen tragenden und getragenen Formen, von stabilisierenden, relativ konstanten Gerüstformen und variablen, schwingenden Weichteilformen. Dies gilt nicht nur im Hinblick auf die statischen, sondern auch auf die funktionellen Vorgänge des Figurenganzen. Mit anderen Worten: Das körperliche Gebäude muß im Zeichner die Baukörper, die plastischen Kerne, die Behältnisformen wachrufen, man muß dabei über Durchschaubarkeit verfügen, um jedes einzelne an seinen rechten Platz zu setzen.

Die architektonische Form bestimmt die Erscheinungsform und wird zum Bestandteil der Wesensform, ein Ergebnis, das frühere Anatomien für Künstler gar nicht oder so gut wie gar nicht ins Auge faßten.

Das Entwerfen der architektonischen Form mag somit einen bildenden und erziehenden Wert in sich darstellen. Aber es enthält noch weitere Aussichten und Absichten. Das Verhalten der Weichteilformen ist ohnehin eine Folge des Gerüstverhaltens. In der architektonischen Form, in der Adolf Hildebrand eine Form der künstlerischen Naturerforschung sah, bringt sie also gerade nicht die protzigen Muskelfiguren hervor, auch nicht die schlaffen Formen des Toten, das noch immer in der Anatomie für Künstler bis heute aufgehoben und durch Zergliederung zum verselbständigten Ziel erhoben worden ist. Und mit ihm hat diese Art Anatomie die abbildende Erscheinungsform und nicht die abstrahierende Wesensform gefördert. Die architektonisch aufgefaßte Form darf als besondere Form des Naturverständnisses, als Aussage *über* die Natur verstanden werden. Es liegt nahe, daß die geistige, innere Gegenwart der Vorstellung von Gebautem auch jenen Absichten günstig ist, die nur noch mit Wesensverdichtung, mit Weglassen, Offenlassen, mit Abkürzungen und Zeichen-Setzung arbeitet (Abb. 182–184, 78).

Also eine Bemühung mehr, um sich von der bloßen Modellhörigkeit zu lösen. Wenn ich vom Schüler forderte, er müsse fähig werden, auch aus der Vorstellung eine Figur, ohne reale Modellanwesenheit, aufzubauen, muß er sein Handwerk so gut beherrschen, daß er die Figur in ihren elementaren Sachverhalten entwerfen kann (Abb. 194). Das heißt von da an aber nicht völlige Verzichtleistung auf das Modell. Im Beherrschen der Elementartatsachen kann sich erst die Erlebbarkeit der individuellen, ganz einmaligen Gestalt des Modells, seien es Kopf, Arm, Hand oder ganze Figur, voll auswirken.

Erst das ganze Repertoire von reichem Sachverstand und Vorstellungsvermögen – in Einheit mit der Entwicklung der *inneren* Anschauung – führt zur Fähigkeit einer subjektiv eigenen Interpretationsfähigkeit der Natur. Hier tut sich das weite Feld der künstlerischen Kreativität auf. Das sterbliche Naturkleid zu verwandeln ins künstlerische Gebilde, vermag freilich keine Lehre zu leisten. Das ist und bleibt Alleingang. Wir können nahe an diese Übergangzone heranführen (Abb. 171, 174, 182–185, 194). Der nackte Mensch, als »Gegenstand« des Naturstudiums, ist kein kleineres Geheimnis als die Kunst selbst.

Ich sehe im Zeichnen der menschlichen Formen eine vordringlich ordnende Aufgabe. Ein so verstandenes Zeichnen erobert aus unserer immer unanschaulicher werdenden Welt ein wichtiges Stück Anschaulichkeit. Ordnungschaffen mit den Mitteln des Zeichnens bedeutet, einen kleinen Ausschnitt unserer Welt dem Chaos abzuringen und der Überschaubarkeit und Sicherheit zugänglich zu machen.

Verstehendes Sehen und verstehendes Zeichnen mögen vorerst im Verdacht eines indiskreten, weil wissenschaftlich orientierten, Verhältnisses zum Körper stehen. Sie heben ein ganz klein wenig den Schleier eines großen Geheimnisses.

»Das Gegenüber des Menschenbildes, vom Menschen geformt, muß zu einer Spiegelung führen, die auf vielfachen Schichten vielfache Bilder erzeugt.« (Aus dem Vorwort zum Ausstellungskatalog »Der schöne Mensch in der neuen Kunst«, 1929).

1.

Proportionsstudien

Unser Vorgehen schließt von vornherein eine starre Proportionslehre mit vorgegebenen Grundmaßen (Moduli) und festgelegtem Schönheitskanon aus. Wir bedienen uns dagegen eines Verfahrens, das von den Proportionsqualitäten des jeweils ganz individuellen Modellfalles ausgeht (siehe 2.1.2., 2.1.3.). Die Totalhöhe des Modells wird gegliedert, indem Meßpunkte aufgesucht und die von ihnen markierten Strecken auf Gleichheiten oder Ähnlichkeiten geprüft werden (Simultan- oder Analogieverfahren). Das bedeutet praktisch: Wir geben primär die Totalhöhe der Figur Sohle – Scheitel an, ziehen die Mittelachse des Körpers als Verbindungslinie und tragen auf ihr die sich gleichenden oder ähnlichen, nach dem Modell gefundenen Strecken in Horizontalachsen ab (Höhengliederung). Mit großer Sicherheit ist die geometrische Körpermitte bei der Frau identisch mit der Lage des Schambeins. Das heißt: Ober- und Unterlänge des Körpers entsprechen sich.

Dieser ersten wesentlichsten Gliederung folgen Untersuchungen über Meßanhaltspunkte in Ober- und Unterlänge: Beispielsweise finden wir die Brustwarzenlage (Abb. 1–6) etwas unter dem oberen Körperviertel, den unteren Kniescheibenrand (deckungsgleich mit dem Gelenkspalt) im unteren Körperviertel. Resultat: Die Oberschenkellänge entspricht der Unterschenkellänge plus Fuß. In der angedeuteten Weise schreitet die Differenzierung der Höhengliederung fort. Ebenso wird die Länge des Kopfes (Kinn – Scheitel), die Länge des Halses, die Lage des Nabels, der Taille, die Länge des Knies als Zwischenform zwischen Ober- und Unterschenkel, die Höhe des inneren Knöchels ermittelt.

Die gefundene Kopflänge (KL) ist ein geeignetes Grundmaß (Modul) zur weiteren Bestimmung von Meßstrecken und zur Bestimmung der Gesetzmäßigkeit der Proportionierung (Kanon) des individuellen Modellfalles. Die Abbildungen 1–6 sagen aus, daß die vorhanden gewesenen Modelle nach dem 8-Kopf-Kanon proportioniert sind.

Strecken, die unter einer KL liegen, lassen sich mit Bruchteilen von KL ausdrücken: Halslänge ca $1/2 - 1/3$ KL, Knöchelhöhe $1/3$ KL usf.

Grundsätzlich läßt sich neben der Arbeit mit dem Grundmaß KL jede Strecke mit jeder vergleichen.

Der gewonnenen Höhengliederung folgt analog die Ermittlung der Breitenausdehnungen der horizontalen Körperachsen. Typischerweise liegt die größte Körperbreite der Frau im Bereich der Hüftbreite, von Rollhügel zu Rollhügel (2.2.2.) oft knapp 2 KL, und man wird die schmalere Breite der Schulter von Schulterdach zu Schulterdach registrieren, oft ± $1^1/2$ KL.

Da die größte Körperbreite (= Hüftbreite) der Frau 2 KL nicht überschreitet, läßt sich ein Figuren-Kontrollrechteck von 2 KL Breite und 8 KL Höhe entwickeln, in das man aus Gründen eines leichten Überblicks spätere freiere Proportionsuntersuchungen einschreiben kann. Verbinden wir die Breiten der Horizontalstrecken untereinander, so entsteht eine einfache, aus geometrisierten Formen bestehende Proportionsfigur (siehe 1.2.4.). Diese praktikable Proportionserkundung ist kein starres Dogma, sondern auf jeden Modellfall übertragbar. *Bereits aus der auf einfachen geometrisierten Formen bestehenden – vorerst ganz flächig gehaltenen Proportionsfigur der Frontal- und Rückansicht muß die unverwechselbare körperliche Physiognomie erkennbar sein.*

Auf die Herausarbeitung der großen »groben«, einfachen Formen der Körperabschnitte (z. B. Oberkörperrechteck, Hüfttrapez, Bauchzwischenform, Kopfovoid usf.) muß größter Wert gelegt werden:

● Einfache Formen sind merkbar, merk-würdig.

● Die Vorstellbarkeit einfacher Formen erleichtert das Verständnis funktioneller Vorgänge (Abb. 18–22). Nur auf diesem Wege wird das Verhalten der Weichteilformen, z. B. Stauungen oder Dehnungen, einsichtig und überzeugend ausdrückbar.

Nach dem Entwurf der geometrischen Proportionsfigur sind zwei weitere Arbeitsstufen nötig:

● Die Motivierung der Umrisse und Formakzente durch die Einzeichnung stark vereinfachter Skelettformen (Abb. 4 in Blau). Sie stellen die Begründung für die Formbeschaffenheit der Abschnitte und das Verstehen der organisch-funktionell bedingten Vorgänge dar (Abb. 17–24).

● Die Ausstattung des Figurenumrisses mit den charakteristischen Nebenformen (z. B. Brüste, Hüft-, Rollhügel- und Kniefettablagerungen, Abb. 3, 5).

Es empfiehlt sich, alle diese Arbeitsstufen mit gestreckten Linien zu bewältigen, weil man damit Verwaschenheiten vermeidet und zur Formprägnanz findet.

Sowohl Vorder- wie Rückansichten können nun erst körperhaft-räumliche Untersuchungen aufnehmen (Abb. 6, 8):

● Man untersucht die räumlichen Staffelungen des Körpers, indem man die dem Betrachter näheren und nächsten Körperformen mit einem dichteren oder offeneren graphischen Gewebe ausstattet.

Bildhaft nahe Realisierungen (Abb. 9, 16) lassen sich mit einem komplex zusammengezogenen Figurenganzen bewältigen (keine Silhouettenschnitte!).

Neue Probleme der Proportionsuntersuchungen ergeben sich aus der Profilansicht (1.3.9.). Hier steht, neben dem gehandhabten Verfahren, die *Rhythmisierung* des Körpers (Abb. 10–15) an:

● Die Figur wird aufgebaut auf der statischen Linie, die die Gehörgangöffnung, Schulter-, Ellenbogen-, Hüft-, Knie- und Sprunggelenk als Lotlinie durchläuft.

● Die schräg verlaufenden Achsen des Brustkorb- und Beckenvolumens bilden bauchseitig einen stumpfen Winkel (also *keine* vertikale Lagerung!).

● Gesäß, Oberschenkelvorderseite und Waden bilden zusammen mit dem Oberkörper abwechselnd nach hinten und vorn ausladende Formen.

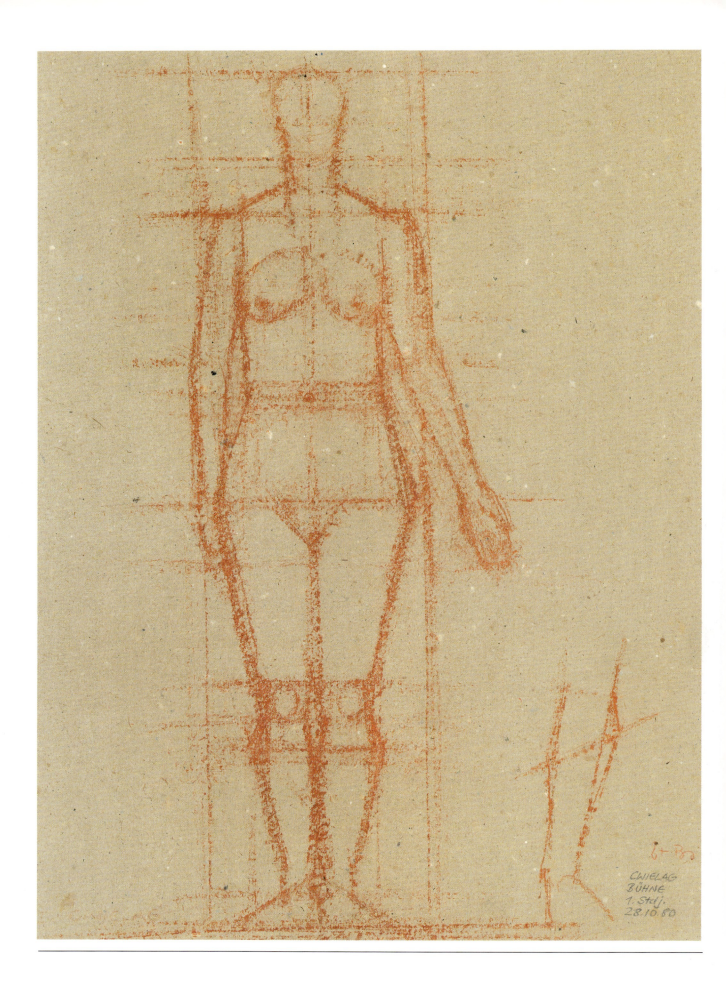

CWIELAG
BÜHNE
1. Stdj.
28.10.80

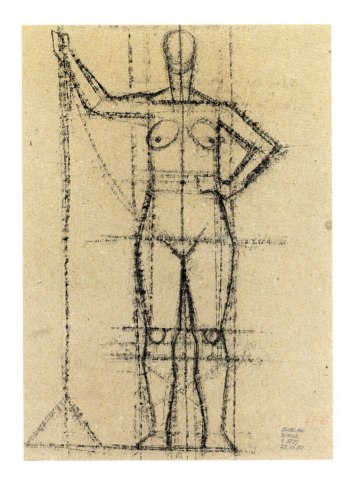

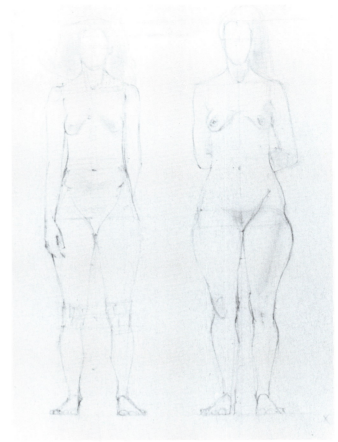

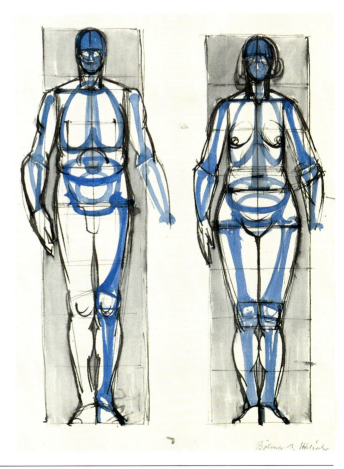

1 Geometrisiert vereinfachte Proportionsfigur
Die Studie ist entwickelt aus lang aufgesetztem
Rötelstift, um sich nicht in anatomische Einzelheiten zu verlieren. Erkennbar ist das Vorgehen
der Höhengliederung an den zarten Horizontalachsen.
Fachrichtung Bühnenbild, 1. Semester

**2 Geometrisierte Proportionsfigur mit
variierter Standhaltung**
Als Kontroll- und Beurteilungshilfe werden die an
der Figur entstandenen neuen Gliedmaßen-
richtungen und die Formen der von ihnen
eingeschlossenen Zwischenräume genutzt.
Fachrichtung Bühnenbild, 1. Semester

**3 Ausstattung der elementaren Proportionsfigur
mit Neben-, Zwischen- und Übergangsformen**
In dieser Phase wird eine noch stärkere Hinwen-
dung zur Individualkennzeichnung der lebenden
Erscheinung vollzogen, unter Mitsprache der
erworbenen Fertigkeiten.
Aus dem Intensiv-Kurs Salzburg 1988

**4 Motivierung des Gestaltumrisses durch
Eintragung von vereinfachten Skelettformen**
Die geometrisierten Formen sollen vom Schüler
nicht gedankenlos als Schemaformen
übernommen werden. Die »Eckpunkte«
(Akzente) der Umrißform erfahren eine erste
anatomisch-organische Begründung.
Fachrichtung Malerei/Graphik, 1. Semester

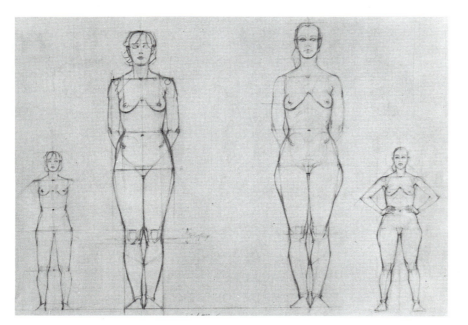

Die Gestalten machen deutlich, daß das
elastische Verfahren der Proportionsermittlung nichts zu tun hat mit stereotypen
»Proportionsschablonen«. Gestreckte und
gerundete Umrißformen begegnen sich.
Aus dem Intensiv-Kurs Salzburg 1988

**6 Erweiterung der Proportionsstudie durch
körperhaft-räumliche Untersuchungen**
Die am weitesten vordringenden Körperpartien werden durch graphisch unterschiedliche Dichte erfaßt. Der proportionale Aufbau
der Figur beruht vorwiegend nur noch auf
dem Schätzen.
Aus den Intensiv-Kurs Salzburg 1988

**7 Studie zu den veränderten Proportions-
sachverhalten in Rückansicht**
Als Grundorientierung bleibt die horizontale
Achse der Körpermitte (größte Hüftbreite)
bestehen. *Unter* dieser Höhe liegt die
horizontale Gesäßfalte. Vom Eckpunkt des
Schulterdaches (Schulterhöhe) verläuft der
Abfall der Schultergräte und gewinkelt dazu
der innere Schulterblattrand.
Aus dem Intensiv-Kurs Salzburg 1988

**8 Proportionsstudie mit stärkeren
Differenzierungen**
Die Differenzierung betrifft nicht nur die
Außenformen, sondern auch die räumlich
erlebten Binnenformen in äußerst sensiblen
Abstufungen, die nicht die anatomischen,
sondern die räumlichen Sachverhalte
registrieren. Helle offene Partien bedeuten
räumliche Tiefen als Korrelat zu den
körperlichen Erhebungen.
Aus dem Intensiv-Kurs Salzburg 1988

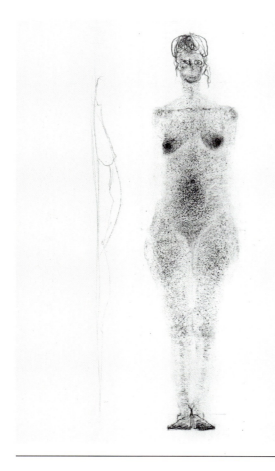

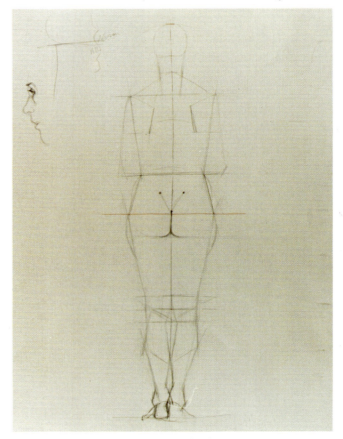

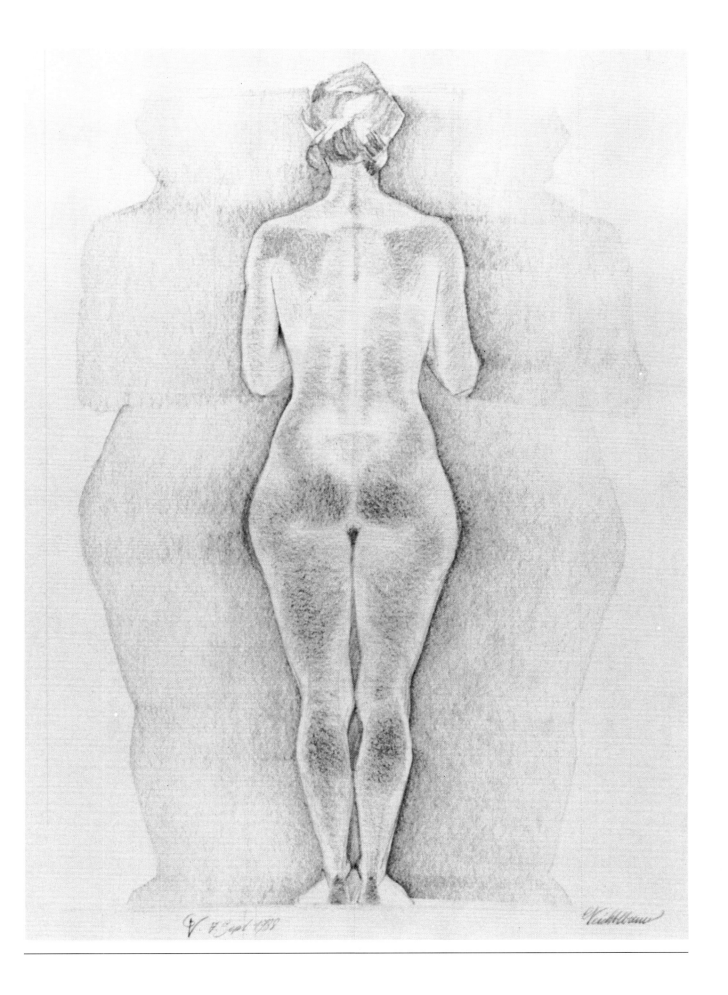

9 Proportionalität in Verbindung zum Umraum

Das als Proportionsstudie entwickelte Figurenpaar ist in räumliche Beziehung zueinander (Zwischenraum) und zum Umraum (Bodenfläche und Raumbegrenzung) gestellt. Das motorisch gesetzte Strichwerk ist nicht mehr an lineare Umrißbegrenzungen gebunden.
Aus einem Bammes-Kurs, Schule für Gestaltung Zürich

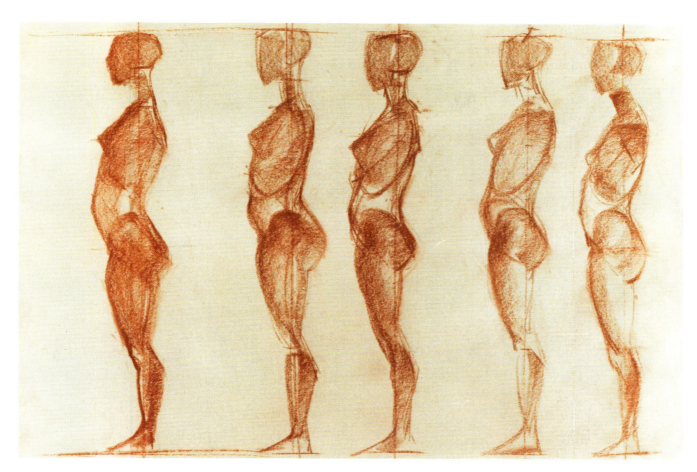

10 Rhythmisierung des Körpers in Profilansicht

Die Wahrnehmung der Proportionssachverhalte verbindet sich mit dem Ausgewogensein der untereinander versetzt ausladenden Massen nach vorn und hinten. Breit aufgesetzter Rötel gibt die Richtung der Massen »auf Anhieb«, nicht durch mechanisches Ausschraffieren an.
Aus dem Intensiv-Kurs Salzburg 1988

11 Die Rhythmisierung des Körpers als melodischer Ablauf

Um den Formenablauf zu einem wirklich fließenden Ereignis zu machen, setzt man den gefüllten Aquarellpinsel ein und zieht seine Spur durch unterschiedlich starkes Aufdrücken. Die Figur entsteht in Sekundenschnelle ohne abzusetzen und ohne vorherige Proportionsfestlegungen.
Aus dem Intensiv-Kurs Salzburg 1988

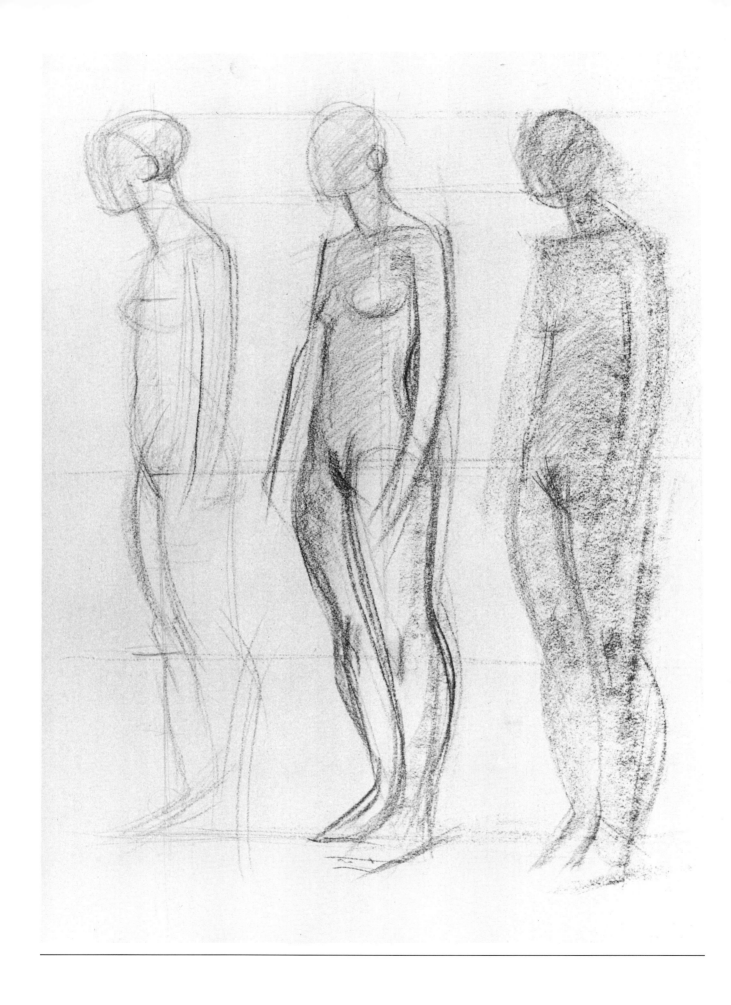

**12   Figurenrhythmus in halbseitlicher
Ansicht**

Hier muß man – außer der Betonung der
Schwingungen – auch räumliche Sachverhalte wie die fallende Achse des Schulterdaches und die steigende der Standfläche
beachten. Grobe Proportionsorientierungen
sind noch erkennbar.
Aus einem Bammes-Kurs, Schule für
Gestaltung Zürich

**13   Integration von räumlichen Sachver-
halten in die Rhythmisierung der Figur**

Der halbtrockene Borstenpinsel mit Deck-
farbe ist ein gutes Mittel der rasch erfaß-
baren Profilstellung, womit man durch
Tonverstärkungen und -abschwächungen
ein räumliches Vorn und Hinten ausdrücken
kann.
Aus dem Intensiv-Kurs Salzburg 1988

**14   Verbindung von Proportionierung,
Rhythmus und psychischem Ausdruck in
einer Standhaltung**

Dem raschen Wechsel der Standhaltung im
Profil folgt man mit abgabewilligem Material,
hier Sepiastaub, aufgetragen mit dem Finger.
Mit wenigen Konturen lassen sich die
lockeren Formen stabilisieren. Auch im
Modelldienst tritt psychisches Befinden
zutage, an dem man nicht vorübergehen
sollte.
Aus dem Intensiv-Kurs Salzburg 1988

**15 Die Beschränkung der Körper-
rhythmisierung auf linearen Vortrag**
Bei sicheren Zeichnern erfährt die Körperform durch den reinen Linearfluß ihre
rhythmische Definition, wobei – wie beim
Doppelakt – das äußerliche und innerliche
Zueinander, die Körperverbindung und
-trennung mit Überschneidungen bewältigt
werden muß.
Aus einem Bammes-Kurs, Schule für
Gestaltung Zürich

16 Proportionsanlage und psychischer Ausdruck in frontaler Standhaltung

Der freie Vortrag mit dem Borstenpinsel, abgestützt auf die große Viertelteilung des Körpers, konzentriert sich hier auf die Gebärde des sicheren, selbstbewußten Standes. Hier wird die Figur nicht mehr durch die Linie definiert, sondern durch das Miteinander von Fleckwirkungen und Offenheiten.

Aus einem Bammes-Kurs. Schule für Gestaltung Zürich

2.

Studien zu Ruhehaltungen im Stand und Sitzen

Innerhalb der Proportionsermittlung mit den dazugehörigen Studien gibt es statische Probleme, die die Erhaltung des Körpergleichgewichtes (siehe hierzu 3.1. bis 3.2.2.) betreffen und in der Spielbein-Standbeineinstellung besondere Aktualität erhalten. Schneidet man aus farbig unterschiedlichen, übereinandergelegten Papieren die Silhouette einer Proportionsfigur (Abb. 17, 18), entstehen damit auch die negativen Umrißfiguren. Die Schritte der statisch-funktionellen Körperveränderungen lassen sich nachvollziehen, indem man die Positivsilhouetten in die erarbeiteten geometrischen Körperabschnitte zerschneidet und so die Vorgänge der Schwerpunktverschiebung und ihre Folgen für den Formcharakter simulieren kann:

● Über eine Negativsilhouette mit Stand auf beiden Füßen legt man das Hüfttrapez der Positivfigur, daß sein in Beckenmitte befindlicher Schwerpunkt lotrecht über der Standbeinsohle liegt.

● Hieraus ergeben sich alle weiteren Folgen wie Absinken des Beckens nach der nicht unterstützten Seite, Schrägstellung des Standbeines, Ausgleichshaltung des Spielbeines, Rückbiegen des Oberkörpers nach der Standbeinseite usf.

Die Übung verdeutlicht die Entstehung von tragenden und getragenen Kräften, Akzenten (Rollhügel der Standbeinseite!), Stauungen und Dehnungen (klaffende Lücken in der Zwischenform des Bauches). Dieses Zerlegen der Figur in bewegliche, verschiebbare Einzelabschnitte ist ein vorzügliches Mittel gegen die sorglos im Schwange befindlichen Schemarezepte falscher Atelieranweisungen.

Wer seine Proportionsfiguren aus Folie ausschneidet und für Überlappungsdrehpunkte sorgt, kann daraus sogar eine bewegliche Gliederfigur entwickeln, mit deren Hilfe statische und dynamische Bewegungseinstellungen getestet werden können (Abb. 19–21). Diesem Verfahren ganz ähnlich sind die Versuche, aus den geometrischen Körperabschnitten ein Druckmodell (aus Kartoffelstücken, Linoleum, Holz) herzustellen, um damit die Vorgänge der bewegten Ruhehaltung durch Abdrucken nachzuvollziehen (Abb. 20). Das Drucken mit dem beweglichen Proportionsstempel regt zum Einleben in den Bewegungsausdruck an, vor allem diejenigen, die Proportionserfahrungen nicht sofort in bewegte Standhaltungen umsetzen können.

Nahe verwandt mit den beiden elementaren Zwischenstufen (Schneideübung und Stempeldruck) ist die Arbeit mit dem breit aufgesetzten Kreidematerial bei rasch folgendem Wechsel der Modellpose (Abb. 21):

● Benutze ein Stück Kreide, dessen Größe so abgestimmt ist, daß man in einem einzigen Zug das Rechteck des Oberkörpers setzen kann.

● Durch Drehen, verschieden starkes Aufsetzen und Ziehen entstehen die in der Standhaltung bewegten Körperformen, Stauungen, Spannungen, Lösungen, Richtungen und prägnanten Formakzente.

Verfehlen würde diese Studie ihren Zweck, falls man erst vorzuzeichnen und dann mechanisch auszuschraffieren suchte. Die heute als akademisch verschriene Kontrapoststudie ist noch immer ein höchst lehrreiches Vorhaben, um das »Ineinanderfundiertsein« von Proportionserkundung und funktionellen Ereignissen zu bewältigen (Abb. 22). Entscheidend hierfür ist, daß man die Figur wirklich aus ihren statischen Gesetzmäßigkeiten aufbaut, das heißt Herstellung der Beziehung von Schwerpunktlage und Unterstützungsfläche (Sohle).

Das Vorgehen:

● Angaben zur Gliederung der Figur

● Markierung der belasteten Sohle und des lotrecht darüber befindlichen Schwerpunktes

● Angabe der Richtung des Standbeines, des gekrümmten Verlaufes der Körpermittelachse und der sie kreuzenden Querachsen von verschiedenen Neigungsrichtungen.

Diesem statischen Gerüst werden die geometrisierten Körperabschnitte einverleibt, bevor es zu weiteren Formdifferenzierungen kommen soll. Also nicht die äußeren Formen abzeichnen, sondern die Kerne in ihrer Beziehung deutlich machen.

Wichtig für die gesamte Übungsstrecke ist, daß aus den Studien zu funktionell statischen Sachverhalten der Bewegungs- und Formenablauf als ein beschwingter melodischer Fluß hervorgeht, durchdrungen vom Ausdruck des Ineinandergreifens von Kräften, der Überzeugungskraft der Standfähigkeit (und nicht der Instabilität, des Umfallens!)

Für die Realisierung dessen gibt es viele Möglichkeiten. Hierfür kann – unter Nutzung des statischen Gerüstes – die Entwicklung der Figur mit breit aufgesetzter Kreide dienlich sein. So kann man von einem Zentrum aus (z. B. Hüfttrapezoid) die Figur durch allmähliches Wachsen in die Höhe und Breite bis zum Umriß entstehen lassen (nicht vorzeichnen, immer breitflächig bleiben!). Man kann mit breitkantigem Graphit die schwingenden Hauptmassen und -richtungen setzen und nur mit knappen linearen Andeutungen die Form stabilisieren (Abb. 24).

Ein sehr reizvolles Mittel stellt die Pinselschriftstudie dar, deren zügige, rasche, stenogrammartige Abkürzungen das Wesentlichste erfassen können (Abb. 23). Der Pinsel muß sofort mit unterschiedlich stark aufgesetztem Volumen arbeiten, darf aber nicht wie ein vorzeichnender Bleistift benutzt werden.

Es sollte nicht an Versuchen zu expressiven Überhöhungen im Erfassen des Wesentlichen fehlen, auch nicht bei der Arbeit mit der Feder oder kombinierten Techniken (Abb. 25–27). Immer wieder muß der Zeichner auf Abwandlungen achten, was auch für die Sitzhaltungen (Abb. 28–34) gilt (siehe hierzu 3.3.). Das Posieren des Modells muß dem Erfassen des Haltungsausdrucks durch raschen Wechsel der Stellungen entgegenkommen. Sie zwingen den Zeichner zu blitzschneller Beobachtung und verhindern ein Steckenbleiben in anatomischen Details.

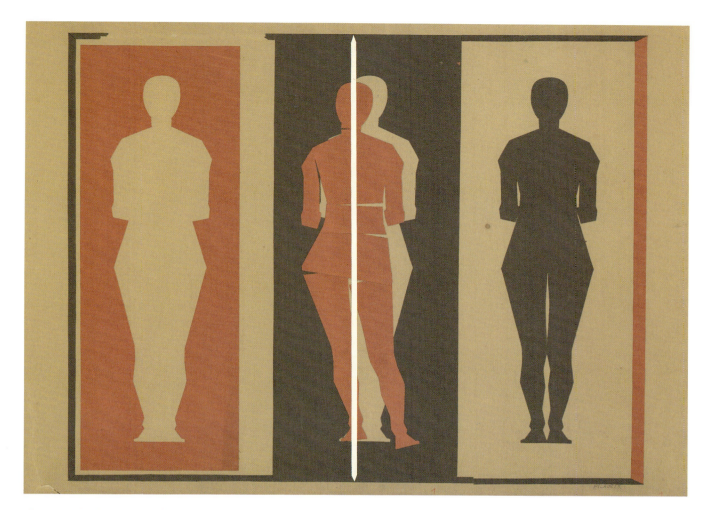

17 Aus geschnittenen Proportionsfiguren aufgebauter Kontrapost

Lehrreich wird die Aufgabe des Verstehens der zahlreichen gesetzmäßigen Formveränderungen durch die Beachtung der Beziehung von Schwerpunkt, Schwerelinie (weiß) und Standbeinsohle. Alle Maßnahmen der Formenordnungen sind ausgerichtet auf die Erhaltung des Gleichgewichtes bei einseitig belasteter Standbeinsohle.
Fachrichtung Theatermalerei, 1. Semester

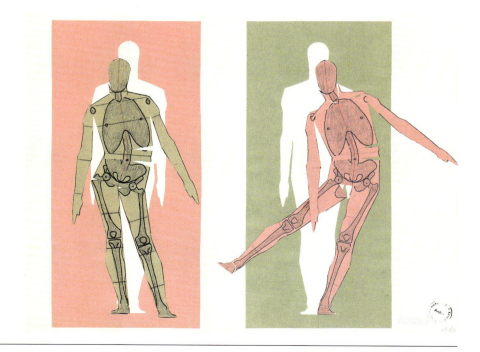

18 Die Einheit von Proportionalität und Funktionalität

Die Bereicherung des Studienerfolges besteht, verglichen mit Abbildung 17, in der Einzeichnung der einfachen Skelettformen in die geometrisierten Körperabschnitte. Sie fördert die intensivere Beschäftigung mit den Bewegungsdrehpunkten und motiviert die Form des äußeren Umrisses.
Fachrichtung Malerei/Graphik, 1. Semester

19 Flachmodelle von beweglichen Proportionsfiguren in Aktion
Außer der intensiven Beschäftigung mit Proportionssachverhalten wird das Verständnis des konstruktiven Körperaufbaus durch Bestimmung der realen Bewegungsdrehpunkte gefördert. Bewegungseinstellungen geben zugleich Auskunft über proportionale Beziehungen und Veränderungen.
Fachrichtung Theatermalerei, 1. Semester

20 Gestempelte, bewegte Proportionsfiguren
Das Beibehalten der geometrisierten Grundformen des Körpers bei der Herstellung der Druckmodel läßt den Bewegungsausdruck zu einem spielerischen Finden elementarer Formereignisse werden.
Spezialschule Malerei/Graphik

21 Entwicklung der bewegten Standhaltung aus breit aufgesetzter Kreide
Die Studien stehen in engem Zusammenhang mit den vorangegangenen Proportionsuntersuchungen. Hier nun kommt es auf ein prägnantes Setzen der Formen an, um die wichtigen, in der Bewegung sich bildenden Formakzente zu begreifen.
Fachrichtung Malerei/Graphik, 1. Semester

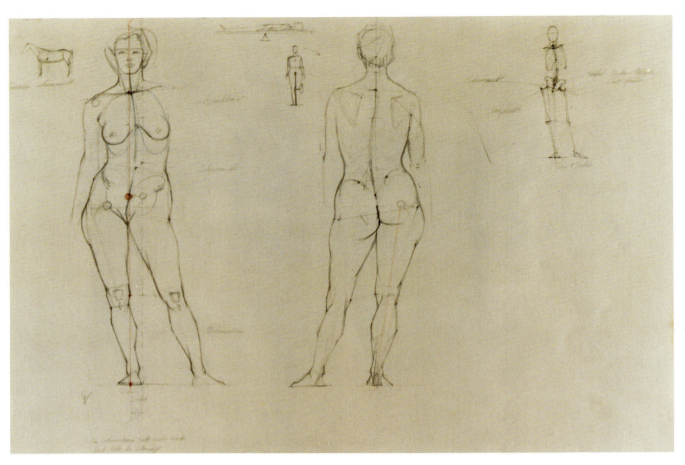

22 Zeichnerisch-linearer Kontrapostaufbau
Das statische und proportionale Gerüst
bildet die Grundlage für die Integration von
Formfeinheiten in ein größeres Ganzes. Sein
Aufbau beginnt von der belasteten Sohle aus
und mit dem über der Sohlenmitte liegen-
den Massenmittelpunkt (Schwerpunkt).
Aus dem Intensiv-Kurs Salzburg 1988

**23 Bewegungsausdruck in der Stand-
haltung mit dem Pinsel**
Es ist dies eine Sekundenstudie, die, um das
Entscheidende des Bewegungsausdrucks zu
erfassen, mit starken Abstraktionen arbeitet.
Die Gliedmaßen- und Körperrichtungen
machen auf elementare Weise die Funk-
tionssachverhalte klar.
Demonstrationsstudie des Verfassers aus
einem Bammes-Kurs, Schule für Gestaltung
Zürich

24 Bewegungsstudie mit breit gesetztem Graphitstück
Mit wenigen Zügen des flächig gehand-
habten Materials ist eine der sich laufend
ändernden Modellhaltungen blitzschnell,
teils unter Zuhilfenahme des visuellen
Gedächtnisses, erhascht worden.
Demonstrationsstudie des Verfassers aus
einem Bammes-Kurs, Schule für Gestaltung
Zürich

25 Überhöhungen des funktionellen Ausdrucks in Standhaltungen

Ein Verzicht auf einzelnes erleichtert das Finden des Ausdrucks verschiedener Formen des Stehens, teils entstanden in Vorstellungsleistungen.
Fachrichtung Malerei/Graphik, 1. Semester

aus dem Gedächtnis   Anschütz 1964

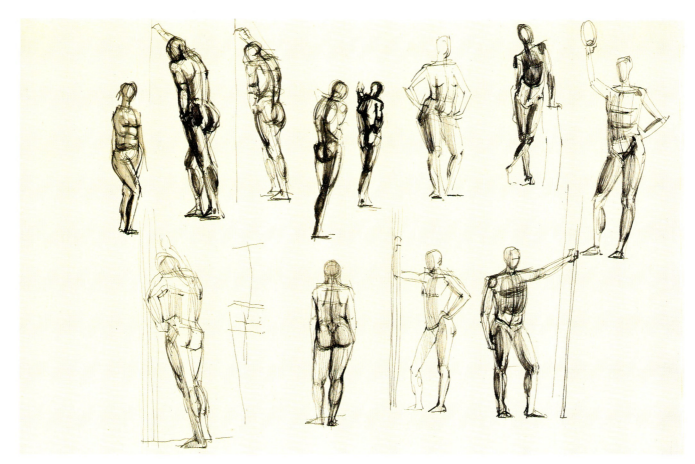

26 Statikorientierte Studien in Verbindung mit einfachen körperhaften Notizen
Bei räumlichen Ansichten des Modells wird auch das Eingehen auf einfach dargestelltes Körpervolumen unumgänglich. Auch hier verzichtet man auf den Unfug, wo der Lernende sich allzugern in ein Abkonterfeien eines »schönen« Aktes verstrickt.
Fachrichtung Malerei/Graphik, 1. Semester

27 Teststudien über die Qualität der erarbeiteten Fertigkeiten
Hin und wieder muß man überprüfen, ob und wie man sein zeichnerisches Handwerk in Vorstellungsleistungen beherrscht. Oftmals gelingen gerade ohne Modellgegenwart substantiellere Formulierungen als durch punktuelle und dauernde Modellbeobachtung.
Fachrichtung Malerei/Graphik, 1. Semester

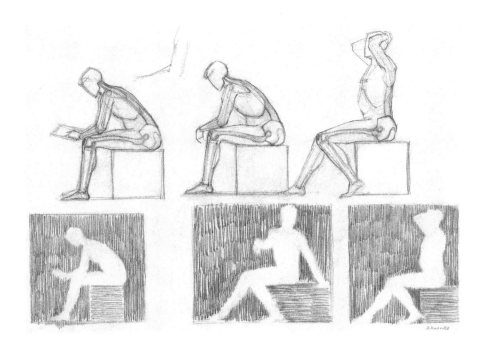

28 Notizen zu Grundformen von Sitzhaltungen
Die obere Reihe zeigt mitgezeichnete Erörterungen zu proportionalen, statischen und funktionellen Veränderungen nach dem Wandtafelbild. Die untere Reihe enthält den Versuch, primär die Form der Grundfigur in einem Rechteckformat zu beurteilen.
Fachrichtung Malerei/Graphik, 1. Semester

29 Modifikation von Sitzhaltungen
Die Studie geht besonders ein auf den psychischen Eindruckswert der Sitzhaltungen, wobei auch hier – in Anbetracht raschen Stellungswechsels – vor allem mit Andeutung und klaren Beziehungen von Becken und Brustkorb gearbeitet wird.
Fachrichtung Malerei/Graphik, 1. Semester

30 Dekorative Friesbildung mit knienden Figuren

Die Arbeit ist entstanden nach einer Besprechung griechischer Vasenmalerei. Die Figuren sind freie, mit dem beweglichen Proportionsstempel gedruckte Inventionen.
Fachrichtung Theatermalerei, 1. Semester

31 Pinselschriftstudien von Sitzhaltungen

Wieder kommt es auf den flüssigen Bewegungsablauf und seinen elementaren Ausdruck an. Hinzu getreten ist die Untersuchung über die Bedeutung von Objekt- und Grundfigur. In keinem Falle waren Vorzeichnungen erlaubt.
Fachrichtung Malerei/Graphik, 1. Semester

32 Sitzhaltungen mit räumlichem Aspekt
Die mit dem halbtrockenen Borstenpinsel
hingesetzte Figur aus einer Schrägansicht
macht ein Eingehen auf Überschneidungen
sowie auf ein Hinten und Vorn unerläßlich.
Das Vorn ist im Ton verstärkt.
Aus dem Intensiv-Kurs Salzburg 1988

33 Fließende Pinselzeichnung
Die Schöpferin der Arbeit macht das
bequeme, lässig hingegossene Sitzen zum
Anliegen. Dem kommen leicht und locker,
mit dem Aquarellpinsel kontinuierlich
geschriebene Formen sehr entgegen.
Aus dem Intensiv-Kurs Salzburg 1988

34 Frontale Ansicht der Sitzgebärde
Die vorangegangenen Sitzhaltungsstudien
beziehen sich auf die klarkonturigen
Profilansichten. Sitzen en face bedarf
stärkerer Gliederung. Daher zu den breiten
Hauptmassen hier auch lineare Definitio-
nen.
Demonstrationsstudie des Verfassers aus
einem Bammes-Kurs, Schule für Gestaltung
Zürich

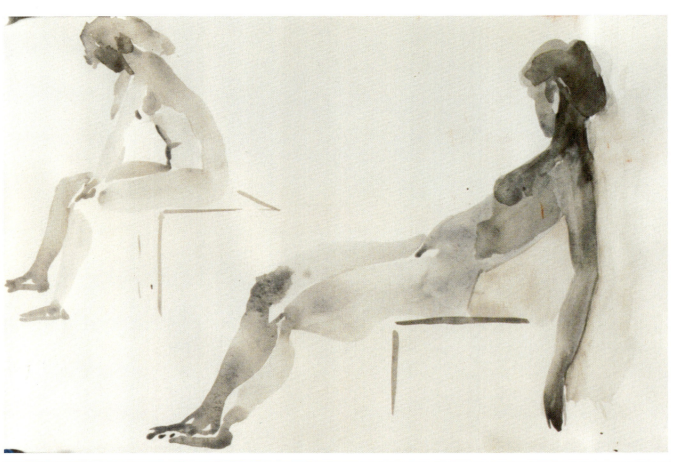

3.

Studien zu Orts- und Ausdrucksbewegungen

Der Übergang zu Orts- und Fortbewegungen ist stets die Folge eines gestörten Gleichgewichtes, bei dem der Körperschwerpunkt über die Kippkante (= vorderes Mittelfußende) hinaus nach vorn verlagert wird (siehe hierzu die Abschnitte 3.5. und 3.6.). Schritt und Lauf sind ihrem Wesen nach die rhythmische Wiederholung des Auffangens bei einem »Nach-vorn-Fallen«. Dieser Sachverhalt enthält für die bildnerische Arbeit eine selten befriedigend gelöste Problematik: die Suggestion des glaubhaften Momentes eines wirklichen Fallens mit schräger Körpervorlage, vielleicht gar noch in dem Augenblick, wo das Schwungbein noch nicht auf das Auffangen der Körperlast vorbereitet ist. Es löst Unbehagen im Betrachter aus. Man empfindet eine solche Darstellung als beunruhigende und zufällige, eingefrorene und nach Stabilisierung drängende Momentaufnahme. Dabei spielt die Spezifik des künstlerischen Metiers eine nicht geringe Rolle. Man übersetze im Geiste beispielsweise eine Monumentalmalerei wie Hodlers »Auszug der Jenenser Studenten« mit ihrem weitgestellten Doppelstütz der Beine in die Augenblickslage des Falles. Eine wie peinliche Situation! Weit bereitwilliger rezipieren wir die beschwingte, illustrative Graphik, wie etwa die von Slevogts »Lederstrumpf«-Illustrationen. Die italienschen Futuristen beschritten den Weg, die relative Bewegung, die praktische Vorwärtsbewegung, in simultan dargestellten Bewegungsphasen auszudrücken, durch die gleichzeitig die den Körper durchdringenden Phasen dessen körperliches Gewicht aufzuheben scheinen.

Streng besehen sind die meisten Darstellungen des Schrittes nur Scheinbewegungen, gleichgültig, ob nur ein Bein als stützendes Stemmbein, das andere als Schwungbein fungiert oder ob gleichzeitig beide Beine den Boden berühren. Man braucht nur sein eigenes kinästhetisches Gefühl aufzurufen, ob man in der vorliegenden Darstellung nicht auch verharren könnte. Meist läßt sich die Frage bejahen.

Das Verhalten nicht nur der Beine (Abb. 35–37), sondern auch des Oberkörpers, seine aufrechte Haltung (Abb. 36, 37), seine Vor- oder Rücklage, mildern oder verstärken den Schein der Bewegung: die aufrechte Haltung den strammen Marsch, die Vorlage die Eile, die Rücklage des Körpers hinter dem vorgesetzten Fuß Schleichen oder Zaudern.

Die beiden Abbildungen 36 und 37 bekräftigen, daß, gemäß dem dekorativen Charakter der gestempelten Arbeiten, die Spezifik des Metiers nach Aufhebung der realen dynamischen Sachverhalte des Schrittes, bis hin zur Überhöhung der Schrittweite (Abb. 37), keine echten Bewegungen sind. Die tänzerische Bewegung (Abb. 35) zeigt den Übergang zur Ausdrucks-

bewegung. In ihrem Kern drückt sie ja eine Stimmungslage durch die nicht ausgesprochen zweckgerichtete Mitbewegung der Gliedmaßen aus.

Jene drei dekorativen Arbeiten, die im Anschluß an die Betrachtung antiker Vasenmalerei entstanden, zeigen den spielerischen Umgang mit dem beweglichen Proportionsstempeldruck, sie dienen weniger dem Erfassen realer Bewegungsabläufe.

Anders hingegen die Studien der folgenden Abbildungen 38–41. Aus der Abbildung 38 geht hervor, daß die dynamischen, aber auch psychischen Komponenten von Schritt, Lauf und Gebärde zuvor erörtert worden waren. Auch die relativ kleinen und spritzig mit Kreide und Pinsel entworfenen Figuren, vor allem in ihren phasenhaften Reihungen, lassen uns keinen Anstoß an den hier vorhandenen »realen« Augenblicksdarstellungen, auch der Fallbewegungen, nehmen.

Die Studien beruhen weitgehend auf Leistungen des visuellen Gedächtnisses, der Vorstellung und der einfühlsamen Suche nach Bewegungsausdruck für zögernden, hastigen, schleichenden, tänzerischen, müden, fröhlichen, forschen oder gezierten Schritt. Es bedarf kaum besonderer Hervorhebung, daß die sachlichen Erörterungen zu statischen und dynamischen Grundlagen im Zeichner Eingang finden als Beurteilungskriterien, ob unsere Figuren stehen oder fallen, stabil oder labil sind. Schließlich nehmen wir solche Kriterien mit hinein in die angeregte Phantasietätigkeit.

Ähnlich verhält es sich mit den Studien der Abbildungen 39 und 41. Um dem Eingehen auf Details keine Zeit zu lassen, befand sich das innerlich mitarbeitende Modell in ständiger Bewegung. Es zog, hob, schob, kippte, trug Lasten über dem Kopf oder auf dem Rücken, teils im Stand, teils in realen Fortbewegungen. Als geeignetes Mittel läßt sich die reaktionsschnelle Pinselschrift nutzen. Es muß wiederholt werden: Der runde, gefüllte Aquarellpinsel besitzt andere Sprachmöglichkeiten als der Stift (Abb. 40). In der Pinselschrift braucht man nur zu drücken, und ein Volumen sitzt, nur zu ziehen, und ein Arm ist fertig, nur locker zu lassen, und eine Verjüngung ist gemacht. Hebt man aber den Pinsel ab, drückt ihn wieder auf, hebt ihn abermals ab, so kann kein Bewegungsfluß entstehen, es werden nur »Pflaumentoffel«. Der ästhetische Reiz ist hin. Die Bleistiftstudie kann auf ihrer Form- und Ausdruckssuche (Abb. 40) mit ganzen Linienbündeln arbeiten, oder, wenn der Zeichner sicher ist, definiert er den Bewegungsfluß mit einer einzigen Linie. Auch hilft die Stiftspitze bei dem Bedürfnis, einzelnen Sachverhalten näher auf den Grund zu gehen, einen räumlichen Sachverhalt, eine Verkürzung oder Überschneidung zu klären. Und man kann, sofern schon Erfahrungen mit dem Skelett vorliegen, auf analytischem Wege des Bewegungsstudiums Elementarsachverhalte der Funktion hieb- und stichfest untersuchen.

Mit den Kapiteln über Proportionserkundungen, Statik und Dynamik haben wir die Möglichkeiten eines anzustrebenden Miteinanders und figürlicher Prioritäten gezeigt. Diese Sachkriterien werden in künftigen Studien in der Regel nicht nochmals ausdrücklich für den Figurenaufbau erwähnt. Sie müssen »lautlos« in die Arbeit Eingang finden und als ständiges Selbst-Korrektiv anwesend und verfügbar sein.

35 Dekoratives Spiel mit Ausdrucks-bewegungen

Die Benutzung des abdruckfähigen, beweglichen Proportionsstempels reizt an zur Bewegungserfindung und bedarf der Aktivierung durch unser kinästhetisches Gefühl.
Fachrichtung Theatermalerei, 1. Semester

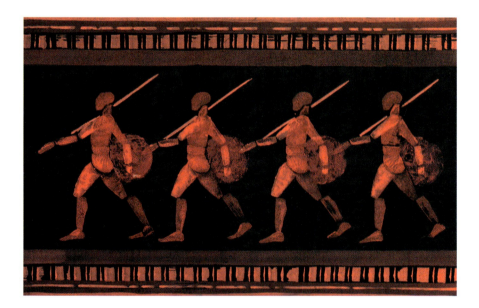

36 Schrittstellungen eines ruhigen Marsches

Die aufrechte Haltung des Oberkörpers, das abfangend aufgesetzte, angebeugte Vorder-bein und das abdrückende Hinterbein erzeugen das Bild gelassenen Schrittes. Hier wie in Abbildung 37 bewährt sich erneut das Drucken mit dem beweglichen Propor-tionsstempel.
Fachrichtung Theatermalerei, 1. Semester

37 Überhöhung der Schrittstellung

Die weit ausgeholte Stellung der Beine läßt die Bewegung überaus forsch erscheinen, würde jedoch in Wirklichkeit nicht die Überwindung des toten Punktes erlauben.
Fachrichtung Theatermalerei, 1. Semester

38 Schrittphasen und Differenzierung des Bewegungsgehaltes
Über den Ausdruck für Geschwindigkeit oder zögernde Bewegung gibt nicht nur die Beinbewegung Auskunft. Hier einzubeziehen ist auch die Lage und Form der Körperoberlänge.
Fachrichtung Bühnenbild, 1. Semester

39 Arbeits- und Ortsbewegungen
Die in den einzelnen Aktionen eingesetzten Richtungen haben auch hier für den beabsichtigten Bewegungsausdruck elementare Bedeutung. Jedoch bleibt die Pinselschrift noch zu sehr stecken in Aneinanderreihungen.
Fachrichtung Plastik, 1. Semester

40 Arbeitsbewegungen in Ausdrucks-steigerungen

Die Verdeutlichung des Ziehens einer schweren Last manifestiert sich in der weiten Körpervorlage und der Streckung des weit zurückliegenden Stemmbeines. Als künst-lerisch expressive Anregung haben die »Pflüger« von Käthe Kollwitz gedient. Fachrichtung Malerei/Graphik, 1. Semester

41   Schreiben von Bewegungen mit dem Pinsel

Gegenüber der Abbildung 39 ist eine zügigere Arbeit gelungen, die sich vor allem auf den zusammenhängenden Bewegungs-ausdruck bei rasch wechselnden Modell-aktionen konzentriert. Fachrichtung Malerei/Graphik, 1. Semester

4.

Schädel- und Kopfstudien

Während die drei vorangegangenen Kapitel sich um die Auffassung des proportional, statisch und dynamisch bedingten Figurenganzen bemühen, kommen wir jetzt zu baulich-anatomischen Zeichenuntersuchungen, die zudem den Kopf als Figurenmodul, als Typusform und in seinen Verhältnissen für differenzierte Proportionserkundungen und -physiognomien nutzbar machen (siehe Kapitel 10 der großen Ausgabe).

Auch bei Schädel- und Kopfstudien steht die Ergründung der Größen und Beziehung der beiden Abschnitte Hirn- und Gesichtsschädel im Vordergrund, wobei die Grundformen von deren Volumina dargestellt werden, die Augenachse als Mitte der Kopfhöhe (= Scheitel–Kinn, Abb. 42). Erst nach der gründlichen Erklärung der funktionellen und konstruktiven Zusammenhänge des Schädels in Profil- und Frontalansicht beginnt der Schüler mit dem Schädelstudium (Abb. 43–46). Hierfür entwirft er ein räumliches Bezugssystem (Verlauf der Mittelachse und der räumlich bedingten Querachsen). Von diesem räumlichen Gerüst für die drei Raumdimensionen auf der Fläche baut er die Ansicht der Grundvolumina von Schädelkapsel und Gesichtsschädel ein, und erst von dieser Anlage aus schreitet er zu Fein- und Feinstdifferenzierungen.

Oberster Grundsatz bleibt, eindeutige Ansichtsflächen zu schaffen, die Front-, Seiten und »Dachflächen« in ihrer Stellung zueinander zu erfassen. Sie spiegeln den Grundriß der perspektivisch dargestellten Schädelbasis wider, über der die Kuppel des Hirnschädels gewölbt wird. Alle verdeckten Kanten und Ecken sind als Durchdringung mitzuzeichnen (Abb. 45).

Der Schädel ist ein wundervolles Architekturgebilde, man zeichnet seine Facetten wie den Schliff eines Edelsteines. Es gibt Baukörper, Stützpfeiler, Kragsteine, Nischen usf. Erst mit einem konstruktiven Schädelzeichnen wird man der Grundlagen inne, auf denen die lebende Erscheinung plastisch und physiognomisch beruht.

Sobald die Teilformen Mund, Nase, Auge und Ohr (siehe die Abschnitte 10.5. bis 10.5.4.) behandelt sind, wenden wir uns deren zeichnerischem Einzelstudium zu (Abb. 46, 47) und schließlich dem Kopfensemble (Abb. 48–52). Während des Einzelstudiums und beim Kopfzeichnen achten wir streng auf bauliche Auffassung (Abb. 46):

● Die Nase hat Rücken, Seitenflächen, Flügel und Spitze, die gegeneinander durch Facetten abgesetzt sind (Überschneidungen am Nasenloch beachten!).

● Der sichtbare Teil des Augapfels wölbt sich als Teil einer Kugel, die von voluminösen Schalen (Ober- und Unterlid) bedeckt ist. Auch hier unbedingt sorgfältig die Überschneidungen von Augapfel und Lidern beobachten (Abb. 46, 47)!

● Der Mund ist ein körperhaft räumliches, geschwungenes Gebilde, besonders im eingekerbten Raum des Lippenrotes, mit räumlichem Vor und Zurück (Abb. 48, 50, 51). In räumlichen Ansichten (Abb. 51) sind nicht nur die Überschneidungen innerhalb des Lippenrotes und seine Verkürzungen, sondern auch die mit den Wangen zu verfolgen.

● Das Ohr ist ein nicht irgendwo hängender Lappen, sondern eine gefaltete, dünne Knorpelsubstanz vom Umriß einer aufgebogenen Spirale, die ein gegliederter, schalenförmiger Raum ist (Sonderstudium ist vonnöten!).

Kopfstudien, am besten von sich selbst mit Hilfe des Spiegels, beginnen wir mit Proportionsangaben (Abb. 48, 49) zur Lage der Augenachse (Mitte), Nasen-, Stirn- und Untergesichtslänge, in der Regel von je einer drittel Gesichtslänge der Strecke Kinn – Haaransatz. Mit den gewonnenen Strecken prüft man die größte Gesichts- und Schädelbreite (meist 2/3 Kl). Es empfiehlt sich vor jeder Weiterarbeit, diese elementaren Proportionssachverhalte auch wirklich elementar und flächig zu erfassen (Abb. 49), bevor man den Boden der plastischen Ausformung betritt (Abb. 50, 51). Die beim Schädelzeichnen gewonnenen Erfahrungen und Fertigkeiten werden hier wieder angewendet. Auch hier arbeiten wir – besser etwas härter als zu weichlich verschliffen – die räumlichen Gefälle der Flächen und ihren Zusammenstoß zu Ecken und Kanten heraus. Die Volumina werden durch konvex gespannte Flächen umgriffen, und diese Flächen begegnen einander! Das sind Formereignisse, Formbegegnen. Keine Konvexität geht aus der anderen hervor durch ein dazwischen liegendes, vermittelndes, konkaves Wellental, sie stoßen aufeinander. Beachten wir das nicht, machen wir aus dem Kopf ein verwaschenes Stück Seife. Formartikulation ist hier gefragt!

Vom Kopfzeichnen aus (das keine Porträtstudie sein soll) geben wir wieder unserer Vorstellungskraft und Phantasie Raum, von den physiognomischen Versuchen im Profil und (Abb. 53, 54) über das Zeichnen von auffälligen Kopftypen (Abb. 55) bis hin zu grotesken Köpfen aus Fabel, Märchen oder Theater (Abb. 58).

Die Versuche zu physiognomisch orientierter Arbeit der Vorstellungstätigkeit und Einbildungskraft sollten kein wildes Drauflosfabulieren sein und nicht des planvollen Vorgehens entbehren. Man kann zuerst sich der eindrucksvollen Profilansicht zuwenden (Abb. 53) und – wie schon Dürer – die Steilheiten der Gesichtslinie, d. h. die Verbindung vom höchsten Punkt der Stirn bis zu den Schneidezähnen, ziehen, wodurch die Schräge oder Zuspitzung des Gesichtsprofiles festgelegt wird (Abb. 53 links oben). Allein schon diese Tatsache – übrigens auch anzuwenden bei Profilstudien nach der Natur – erschließt eine Fülle an physiognomischen Möglichkeiten, die ins Unermeßliche reichen, wenn man gar noch die Verhältnisse der Gesichtsgliederung verschiebt und die Variationsskala von Nasen- und Mundformen mit einbezieht.

Für körperhafte Kopfdarstellungen erhält die Vorstellungskraft eine orientierende Richtung dergestalt, daß man Typusmerkmale des hageren schlankwüchsigen, athletisch derben oder pyknomorph rundwüchsigen Menschen zu möglichst stimmiger

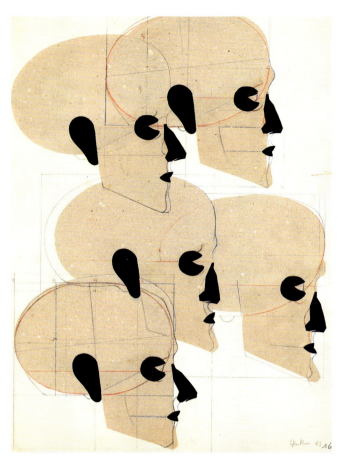

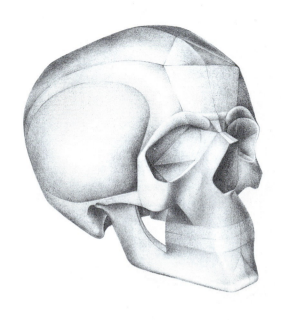

42 Proportionsstudien von den Schädelabschnitten

Die Klebearbeit bringt ovoide Hirnschädel-
formen in Verbindung mit vertikalen
Gesichtsschädelformen, dazu die physio-
gnomische Wirkung ein und derselben
Nasenform mit verschieden starkem
Vorspringen aus dem Gesichtsprofil.
Hospitant, 1. Semester

43 Architektonisch aufgefaßte, körperhaft-räumliche Schädelstudie

Nicht das Abbilden von skeletalen Einzelheiten, sondern der Bau von Grundkörpern
und die konstruktiv und funktionell einge-
gliederten Einzelbaustücke (z. B. Jochbein,
Nasentunnel, Kinn-Stirn-Pfeiler) führen zur
Lösung der Aufgabe.
Fachrichtung Restaurierung, 1. Semester

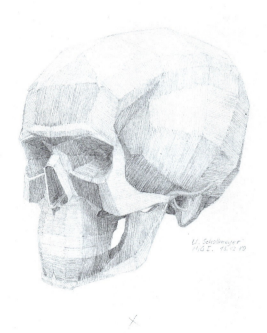

44 Einsatz der graphischen Strukturen zur Unterstützung bauenden Zeichnens

Die den Schädel umspannenden Flächengefälle werden durch die bewußt gesetzten
Richtungen eines möglichst kontrastreich
verlaufenden Strichgefüges zur Verstärkung
von Körperhaftigkeit und Räumlichkeit
eingesetzt.
Fachrichtung Malerei/Graphik, 1. Semester

Geschlossenheit in sich bringt (Abb. 54). Anders würde man abgleiten in skurrile, unorganische Phantastereien.

Selbst die Versuche zu allerlei grotesken Köpfen, die kein Geringerer als Leonardo da Vinci schon unternommen hatte, sind an die Maxime gebunden, in allen Absonderlichkeiten des einzelnen ein rechtes Maß des organisch Möglichen zu bewahren (Abb. 56).

Der Aufruf unserer Vorstellungs- und Vergegenwärtigungsfähigkeit beim Zeichnen und Entwerfen von Kopfformen verfolgt das wichtige Ziel, Kopf- und Körperform, Kopf- und Körperphysiognomie als eine in sich bestehende, einheitliche, durchgängige Formensprache zu bewahren und diese somit als Typuskriterien aufeinander zu beziehen.

Der Anfänger sollte sich jedoch nicht verführen lassen, gleich bei den ersten Arbeiten am Kopf ein Porträt machen zu wollen. Der Kopf sollte zeichnerisch begriffen sein, bevor die Wesenseigenart der Persönlichkeit im Porträt herausgearbeitet wird.

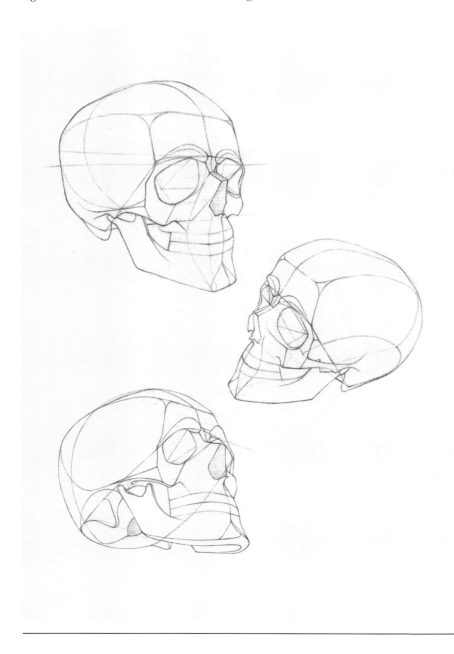

45 Zeichnerische Durchdringung der Schädelform
Von der Anlage des räumlichen Bezugssystems aus werden die verkürzten Formen der Schädelbasis und die über ihr ruhende Schädelkapsel, danach die mittleren und seitlichen Pfeiler des Gesichtsschädels gezeichnet. Auf diese Weise besteht ein Zwang, alle Verdeckungen mit durchzuzeichnen. Bei solchen reinen Linearstudien erlangen sorgsam geprüfte Überschneidungen besonderes Gewicht.
Fachrichtung Restaurierung, 1. Semester

46 Bauliche Untersuchungen von den Teilformen des Kopfes
Wie beim Schädelzeichnen werden auch die Weichteilformen erfaßt in den wesentlichen Ansichtsflächen und Gefällen, gestützt durch Erfahrungen beim bauenden Schädelzeichnen.
Fachrichtung Malerei/Graphik, 1. Semester

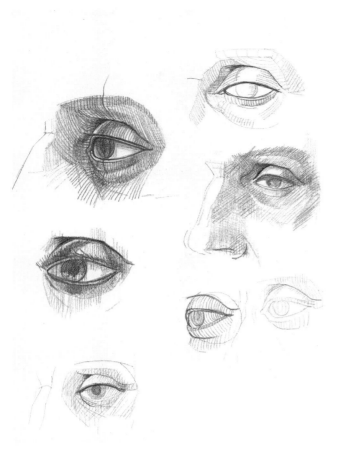

47 Studien von der Plastik des Auges und seines nahen Umraumes
Die Aufgabe besteht darin, die Plastik des Auges zu verstehen als Teil einer Kugeloberfläche, die eingebettet ist in den Raum von Überaugenwölbung, seitlicher Wand der Nasenwurzel und Jochbein.
Fachrichtung Bühnenbild, 1. Semester

48 Vorstellungsgebundene Rekonstruktion der Schädelform im Selbstporträt
Im Umriß der individuellen Kopfform, gesichert durch Proportionsuntersuchungen, ist die dazugehörige Schädelform zu finden. Ein Hinweis mehr, wie nachdrücklich die Kopfform von der Schädelgrundlage bestimmt ist.
Fachrichtung Restaurierung, 1. Semester

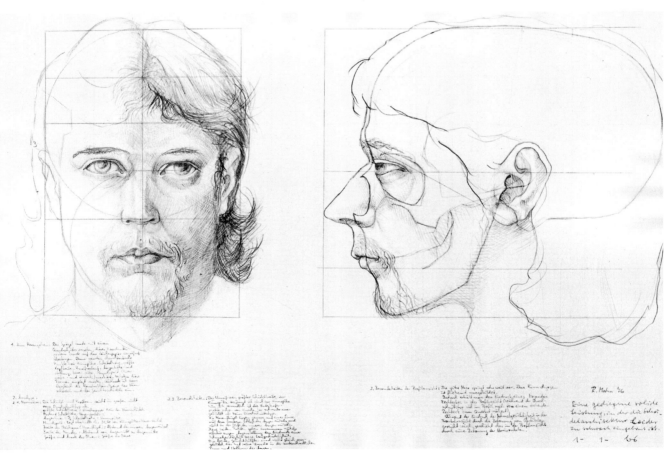

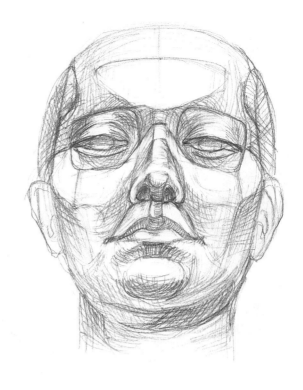

49 Kopfproportionierung als Grundlage des individuellen Gesichtsschnittes

Schon aus dem sorgfältigen Messen der Längen und Breiten des Gesichtes, der Lage, der Form und Größe der Teilformen – ohne alle weiteren Differenzierungsversuche –, muß sich die Unverwechselbarkeit (»Ähnlichkeit«) der Person abzeichnen.
Laienkünstlerin

50 Bau der plastischen Erscheinung des Kopfes

In Verbindung von Proportionsfestlegungen (siehe Abb. 49) mit angedeuteten Schädelformen und dessen Facetten werden die Volumina der Einzelformen in aller Stabilität in die Formsolidität des ganzen Kopfes eingefügt.
Fachrichtung Restaurierung, 1. Semester

51 Entwicklung der Kopfplastik aus den Bauformen des Schädels

Auch hier dient das »Selbstporträt« der anspruchslosen Selbstverständigung eines allgemeinen, grundlegenden Kopfzeichnens; das Gesicht wird behandelt als Zusammengehen der Teilformen zur Ensembleform.
Fachrichtung Malerei/Graphik, 1. Semester

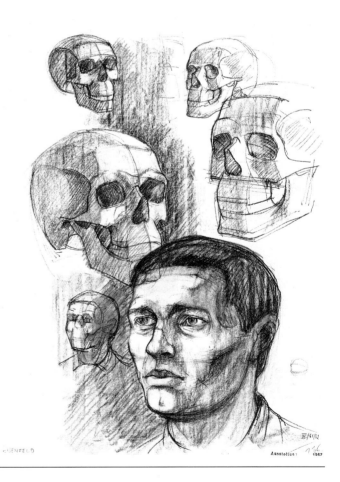

52 Umsetzung des Kopfstudiums
Unter Nutzung eines Streiflichtes werden
Einzelformen mit Gouaschfarbe auf nassem
Grund zu großen Partien zusammen-
gezogen.
Spezialschule für Malerei/Graphik,
1. Semester

**53 Versuche zu physiognomischen
Erfindungen**
Der Ablauf des Gesichtsprofils wird weitge-
hend bestimmt von der Grundrichtung der
Gesichtslinie (Stirn – Lippe), die ein steiles
oder flacheres Profil signalisiert. Innerhalb
dessen sind die Gesichtsabschnitte in ihren
Längen variiert worden.
Fachrichtung Bühnenbild, 1. Semster

54 Typuserfindungen
Die Darstellung beruht auf zuvor angestell-
ten Erörterungen zu Gestaltmerkmalen von
Körperbautypen, die, hier in freier Behand-
lung, ihre Widerspiegelung auch in der
Einheit des Gesichtes erfahren.
Fachrichtung Bühnenbild, 1. Semester

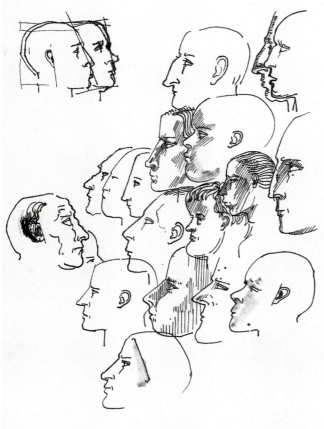

55 Reale Typusstudien
In der Darstellung eines mongoliden
Menschentyps sind die dieser Rasse
eigentümlichen Merkmale festgehalten.
Fachrichtung Bühnenbild, 1. Semester

56 Groteske Kopferfindungen
Die fingiert gestellte Aufgabe, Figurinen für
Trolle zu entwerfen, enthält die Maxime,
daß die Teilformen – trotz des Abnormen –
organische Gebilde bleiben müssen.
Fachrichtung Bühnenbild, 1. Semester

5.

Studien zu Aufbau, Funktion und Plastik des Beines

Der zeichnerischen Erarbeitung des Bewegungsapparates, hier des Beines (siehe hierzu 5. Kapitel), geht jeweils der Überblick über die Gesamtkonstruktion, die Gelenkformen und ihre bewegenden Muskelkräfte voraus. Alle skeletalen Formen werden als Formdestillate, als Formvereinfachungen behandelt, so daß die konstruktive Form Aussagen über ihre Funktion macht:

● Das kräftigste Gelenk, das *Kniegelenk*, von Scharnierprinzip, bei dem eine Gelenkwalze (in Doppelrollenform mit Vorbaufläche für die Kniescheibe) auf einer inkongruenten Gegenform, dem Schienbeinkapitel, abrollen kann, wobei sich der Gelenkraum öffnet (Abb. 57). Nur derart konstruktive Vereinfachungen sind merk-würdig und führen zum *Erkennen*.

● Die konstruktive Vereinfachung des *Beckens* geht vom Gefäßcharakter des kleinen und großen Beckens aus (Trichterform), dessen Vorderfront stufenartig ausgebrochen ist. Dadurch existieren die plastischen Orientierungspunkte Schambein und die beiden vorderen oberen Darmbeinstachel (Bauchplastik!). Von hier an verläuft der Darmbeinkamm seitlich außen und dann nach hinten. Das Becken ist der konstante Raum, dessen geschlechtsspezifische Form das Bewegungszentrum des Körpers bildet (Abb. 58–60).

Die Einheit von Becken, Oberschenkelbein und Kniegelenk bildet die Funktionsgrundlage für Ursprünge und Ansätze der Oberschenkelmuskeln. Nach deren Erörterung gelten dem Formwesentlichen des lebenden Knies (Abb. 61, 62) eigene zeichnerische Studien. Sie berücksichtigen die Wandlungsfähigkeit des Knieskelettes in der Bewegung und die Muskelfunktionsgruppen zwischen Becken und Schienbeinstachel. Wieder werden die Ansichtsflächen und räumlichen Formverwringungen aller Formbildner untersucht. Das Mitdenken von Querschnitten erleichtert das Organisieren des modellierenden Strichwerkes. Die Herausarbeitung des strukturellen Wechselspiels von festen Skelett- und Weichformen soll verhindern, daß aus dem Knie eine mißratene, unartikulierte »Semmel« gemacht wird.

Sobald das Beinskelett als Ganzes und seine Muskulatur erläutert sind – einschließlich ausführlicher Studien zum Fußskelett (Abb. 66 und Oberschenkel Abb. 64, 65) – sind die Voraussetzungen an Wissen und Fertigkeiten herangereift, um sie in einer dreigeteilten Zwischenprüfungsarbeit als Teilvorstellungsleistung (Abb. 63, 67, 68) zu testen. Das Verständnis der konstruktiven Beschaffenheit des Fußskelettes (Abb. 66) mit seinen Formzusammenhängen, gelenkmechanischen Formen, seinem Charakter als Nischengewölbe mit Quer- und Längswölbungen hat für die Beschaffenheit des lebenden Fußes die gleiche Be-

deutung wie der Schädel für den Kopf. Ohne Rücksicht auf den Bau des skeletalen Fußgewölbes deformiert man allzu leichtfertig den Fuß zu einem amorphen Pantoffel.

Am Schluß stehen Studien zur architektonischen Lebendform des Beines in Ruhe und Bewegung (Abb. 67–76). Die Beispiele zeigen zahlreiche Realisierungsweisen der Aufgabe. Für alle Studien gelten folgende Kriterien:

● Klärung des Ansichtsverhältnisses (Augenhöhe = Horizonthöhe), um hieraus die räumlichen Fluchten zu sichern (Auf- und Untersichten),

● Klärung des von beiden Beinen eingeschlossenen Zwischenraumes,

● Klärung über die Form der verschiedenen Grundvolumina (z. B. konische Walzenformen), um durch diese Feststellung die Formzusammenhänge zu sichern,

● Ausarbeitung der Hauptformen, um in diese die Nebenformen zu integrieren,

● Ableitung der Formbewegungen (kurze, scharfe Konvexität gegen sanfte, langgezogene – straffe Formen gegen schwingende),

● Nutzung der anatomischen Kenntnisse, um die Lage der in die Volumina stärker oder sanfter »eingedrückten« Räume, Mulden, Täler, Gruben, Höhlen (z. B. Kniekehle in der Beugung) präzise zu orten (hierfür besonders die Abb. 71, 72, 73, 76),

● nicht zuletzt die Herausarbeitung des funktionellen Ausdrucks: Belastung und Entlastung, Tragendes und Getragenes, Beugung und Streckung und das plastische Verhalten der Gelenke. Was erleiden die Weichformen durch Belastung, Druck (z. B. Abb. 75) und Dehnung?

● Schließlich: Herausarbeiten des geschlechtsspezifischen Formcharakters eines männlichen und weiblichen Beines.

Wie alle diese Kriterien realisiert werden, obliegt dem einzelnen. Ob er mit gleichbleibend unregelmäßigen oder körpermodellierenden Schraffuren, nur mit Querschnitten, rein linear oder gleichmäßig gerichteten Parallelschraffuren arbeitet, nur andeutet oder ausführt, bleibt ihm überlassen.

Die Nahbetrachtungen, die der Beschaffenheit der Wesensform anatomischer Sachbestände gelten – am Skelett, am Becken, Knie, Fuß und deren Gelenken, den Muskelanalysen nach dem Lebenden und umgekehrt von der Lebenderscheinung hin zur anatomischen Dechiffrierung –, sind unerläßlich. Zeichnerische Wesenseinsicht ist nur erfolgreich, wenn man in eine Sache wirklich eingedrungen ist. Andernfalls bleibt man allzuleicht im Oberflächlichen stecken.

So wie wir uns bei allen bisherigen zeichnerischen Studien nicht allein mit der visuellen Anschauung der Modellgegenwart begnügen, sondern unseren Aktionsradius immer auch auf vorstellungsgebundenes Zeichnen ausdehnen, so soll das auch beim Bein geschehen, abgesehen von dem Wiederfreiwerden für den spielerischen Umgang mit der gegenständlichen Form (Abb. 78). Eine Sache kann eben erst dann als verstanden, d. h. als erkannt, angesehen werden, wenn man sie vorstellungsgebunden zeichnet. Eine so schwierige und veränderbare Form wie das Kniegelenk in Funktionen und Verkürzungen weist der Zeichner als verstanden aus im geglückten Vorstellungsversuch (Abb. 77).

57 Die konstruktiven Formen des Knieskelettes in Funktion
Die allzu simple, unverstandene Übernahme der Naturform besitzt keinen Erkenntniswert. Nur mit der konstruktiven Formvereinfachung zwingt man sich zum Durchschauen und bildet bleibende Vorstellungen aus.
Fachrichtung Malerei/Graphik, 1. Semester

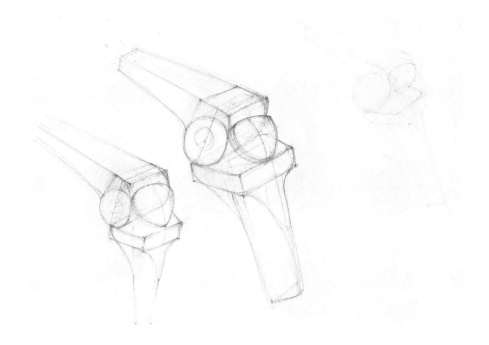

58 Die konstruktive Darstellung der Behältnisform des Beckens
Der untere Abschluß des Rumpfes durch das Becken findet am Lebenden seine eindrucksvolle plastische, akzentreiche Widerspiegelung. Vor allem muß die vordere Ausstufung des großen Beckens als Grundlage für die räumliche Staffelung von der vorderen zur seitlichen Bauchdecke ausgedrückt werden.
Fachrichtung Bühnenbild, 1. Semester

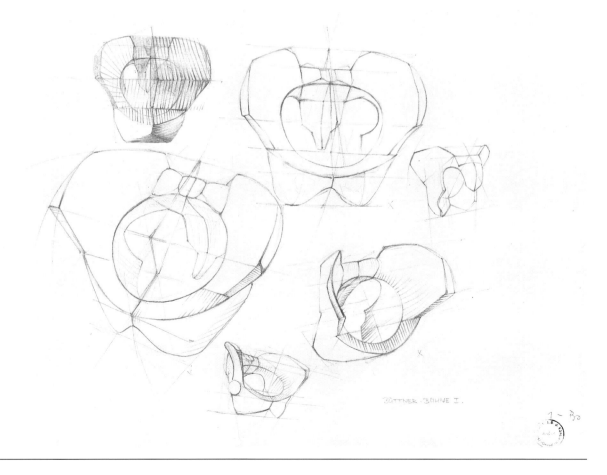

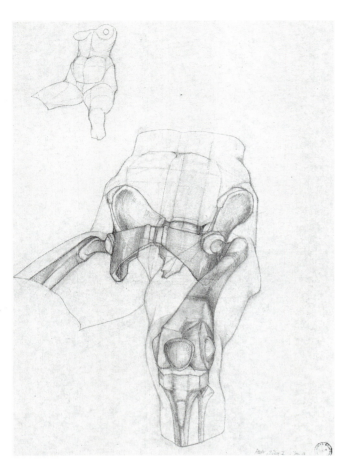

Die zurücklehnende Haltung des Aktmodells wird auf ihre skeletale Grundlage
hin analysiert, um auch die nach hinten
gekippte Beckenhaltung als funktionale
Orientierung zu begreifen. Somit wird aus
der Analyse der Lebendform eine teilweise
bedingte Vorstellungsleistung der Skelettformen gefordert.
Fachrichtung Bühnenbild, 1. Semester

**60   Vom Skelettverhalten zum Umriß der
Lebendform**
Die Erweiterung des Weges gegenüber der
Abbildung 59 besteht in der Ausprägung
einer reinen Skelettvorstellung, um mit ihrer
Hilfe die äußeren Umrisse eines angenom-
menen Aktmodells zu finden. Daneben ist
das räumliche Vor und Zurück der Skelett-
formen untereinander relevant.
Fachrichtung Plastik, 2. Semester

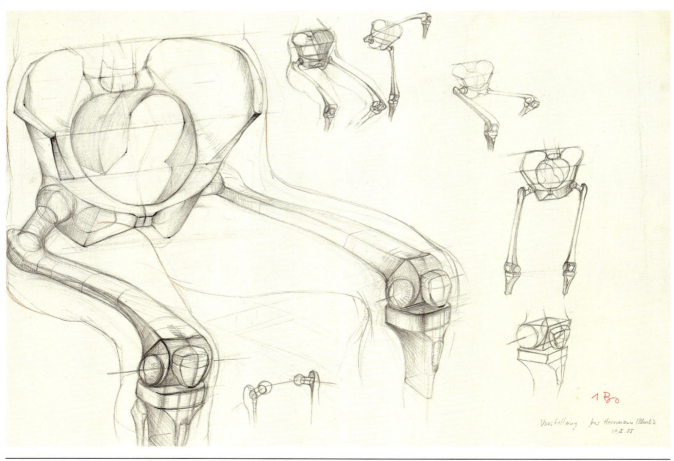

61 Das Kniegelenk in seiner muskulären Umgebung und als lebende Form

Kniestudien gehören zu den schwierigsten Aufgaben. Sie scheitern meist am Mangel genauerer Kenntnisse der anatomischen Einzelsachverhalte und deren Deutbarkeit, zum anderen an klaren Definitionen der Formbestände. Die besten Resultate gewinnt man durch konsequente Beurteilung der verschiedenen Ansichtsflächen.
Fachrichtung Malerei/Graphik, 2. Semester

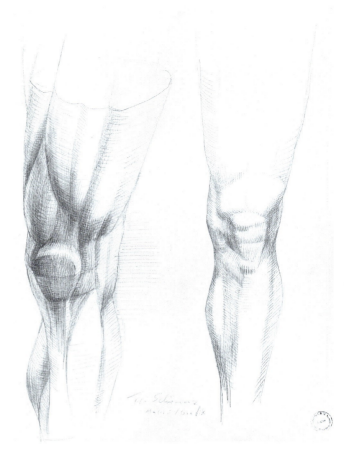

62 Das Kniegelenk in seiner weiteren plastischen Umgebung

Die Einbettung des Gelenkes bei gestreckter Beinhaltung und das kantige Hervorspringen der Kniescheibe in angebeugtem Zustand gehört zu den Schwerpunkten von Lebendstudien in Verbindung mit der Darstellung der plastischen Formverwringungen von Ober- und Unterschenkel mit Querschnittuntersuchungen.
Fachrichtung Plastik, 2. Semester

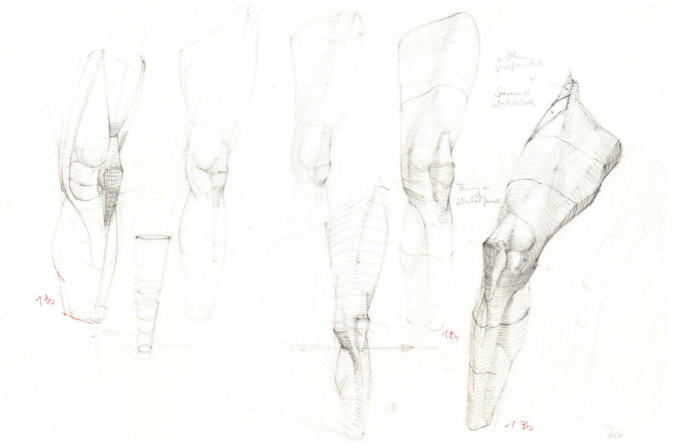

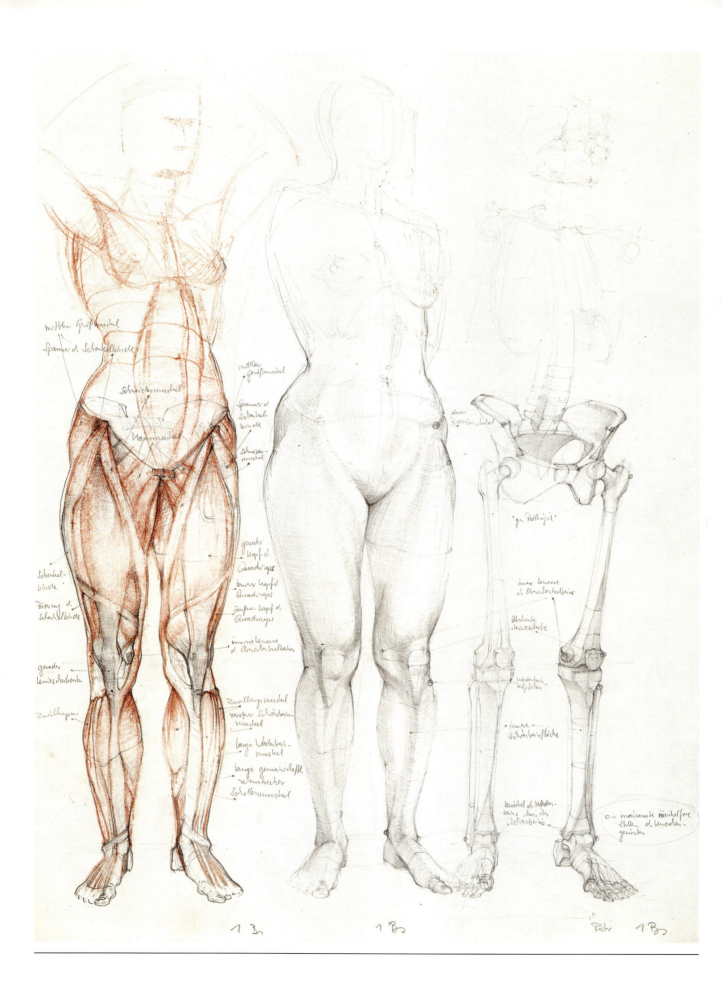

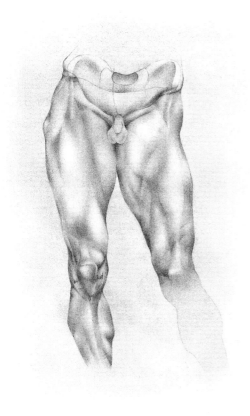

63 Dreigeteilte Zwischenprüfungsaufgabe am Ende des 2. Semesters
Während der vierstündigen Aufgabe – ohne alle Anschauungsmittel – erscheint das Aktmodell mehrere Male, um von seiner Haltung eine vollständige Muskelanalyse, konstruktive Skelettdarstellung und architektonische Lebendform anzufertigen.
Fachrichtung Plastik, 2. Semester

64 Durchbildung von Hüfte bis Knie
Die weitgehend analytische Anschauungsweise birgt die Gefahr einer überbetont punktuellen Darstellung, kann jedoch fachspezifisch von großem Nutzen sein.
Fachrichtung Restaurierung, 2. Semester

65 Freiere Behandlung von Hüfte und Oberschenkel
Lockeres Zeichnen, ohne absolute Treffsicherheit ist genauso fragwürdig wie das übergenaue Darstellen von Einzelheiten.
Aus einem Bammes-Kurs, Schule für Gestaltung Zürich

66 Das konstruktive Fußskelett als Grundlage für das Formverständnis des Fußes
Durch ausgiebige Studien vom Fußskelett lassen sich einzelne Elemente als plastisches Ganzes auffassen.
Aus einem Bammes-Kurs, Schule für Gestaltung Zürich, 1988

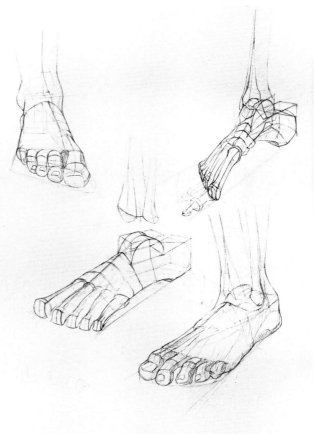

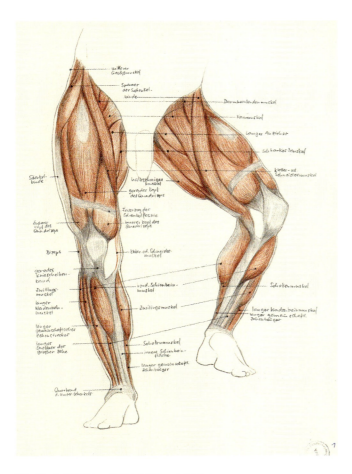

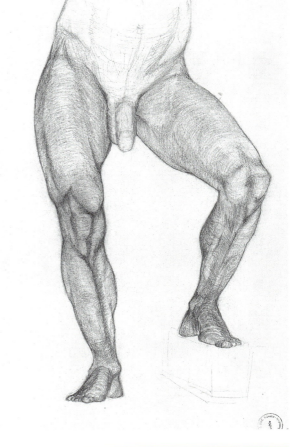

67 Muskelanalyse als Vorstellungsleistung
Wie in Abbildung 63 handelt es sich um die konkrete Deutbarkeit der Lebendform durch Analyse.
Hospitantin des Trickfilmstudios, 2, Semester

68 Rückkehr von der Muskelanalyse zur Synthese
Die Muskelanalyse darf nie Selbstzweck werden. Am Ende muß immer wieder der Neuaufbau eines Ganzen stehen.
Hospitantin des Trickfilmstudios, 2. Semester

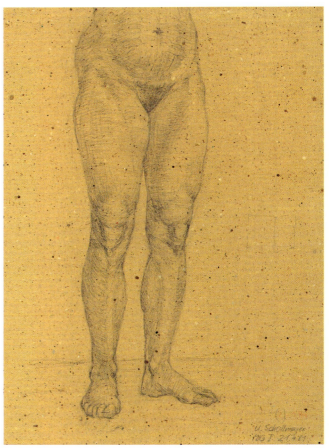

69 Naturnahe Darstellungsweise
Die Vortragsweise konzentriert ihr Augenmerk vornehmlich auf weiche Formmodellierung.
Fachrichtung Malerei/Graphik, 2. Semester

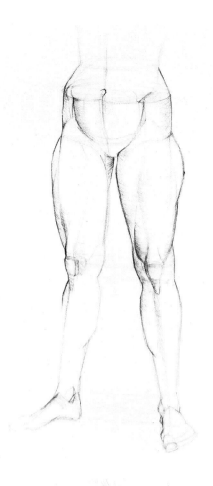

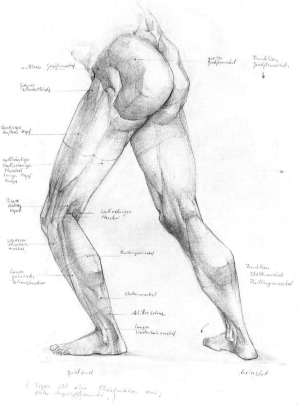

70 Architektonisch akzentuierte Formenstrenge

Sie beruht vorwiegend auf der baulichen Betonung von großen Volumina in ihrer Formbegegnung.

Aus einem Bammes-Kurs, Schule für Gestaltung Zürich, 1985

71 Betonung von räumlichen Zusammenhängen

Sie äußert sich in dem von beiden Oberschenkelinnenseiten gebildeten Raum und vor allem in der erkannten Fortsetzung der oberschenkelinnenseitigen Diagonalfurche durch die unbemuskelte innere Schienbeinfläche.

Fachrichtung Plastik, 2. Semester

72 Betonung der in Funktion befindlichen Muskelgruppen (Prüfungsaufgabe)

Die Studie geht auf die der Haltung zugrundeliegenden agierenden Muskelgruppen ein, durch die auch die gebildeten Räume, besonders der Kniekehle und des hinteren Fußes, motiviert werden.

Fachrichtung Malerei/Graphik, 2. Semester

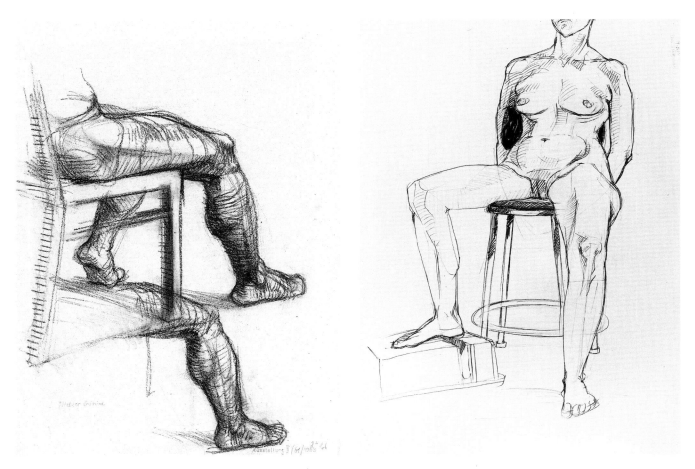

73 Kraftvolle Darstellung der plastischen Ereignisse am gebeugten Bein
Es geht vordergründig um die körperhaft räumliche Erscheinung der beiden vom Betrachter zurückweichenden Walzen von Ober- und Unterschenkel, unterbrochen von der scharfkantigen Knieform.
Fachrichtung Malerei/Graphik, 2. Semester

74 Knapp formulierte Beinstudie
Die Darstellung beschränkt sich auf sparsame Angaben von weichen und harten Formen.
Aus einem Bammes-Kurs, Schule für Gestaltung Zürich, 1985

75 Das Eingehen auf das plastische Verhalten der Weichformen
Die im Sitzen breitgedrückten innenseitigen Oberschenkelteile zeigen ihre passiv »erlittene« Verformung sowie die gegeneinander abgesetzten Muskelgruppen.
Aus einem Bammes-Kurs, Schule für Gestaltung Zürich, 1985

76 Die Verbindung statisch funktioneller Vorgänge mit dem sinnlichen Reiz der Weichformen
Die beim Kontrapoststudium gemachten Erfahrungen sowie die behutsame Behandlung von Muskel-, Fett- und Hautverhalten finden hier ihren plastischen Niederschlag.
Hospitant des Trickfilmstudios, 2. Semester

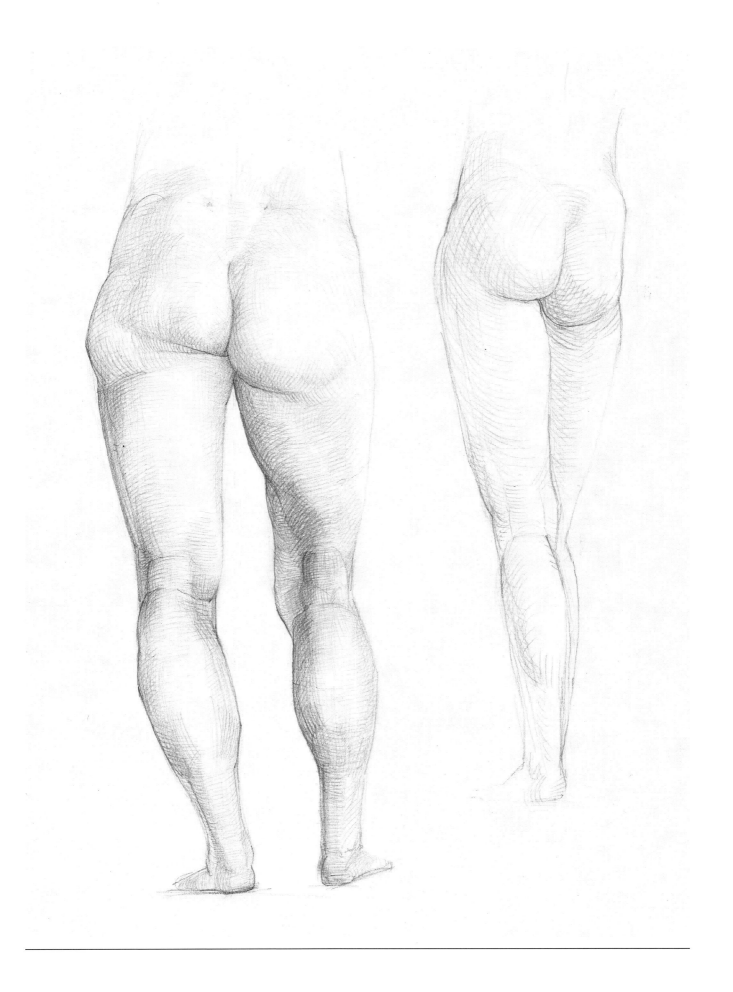

77 Vorstellungsleistungen zur Plastik des Knies

An den Versuchen zu Vorstellungsleistungen vom bewegten Knie in verschiedenen Ansichten bestätigt sich: Zeichnen kann man nur wirklich Verstandenes, besonders bei so wandlungsfähigen Formen wie denen des Knies.
Fachrichtung Plastik, 2. Semester

78 Rückkehr von der durchgebildeten Form zum freien Spiel

Die Freiheit des Machens steht jeweils am Ende eines Lehrabschnittes, nämlich dann, wenn Studienintensität in gründlicher Objektuntersuchung bestanden hat. Täuschungen durch allerlei Tricks verlieren ihren Boden.
Fachrichtung Malerei/Graphik, 2. Semester

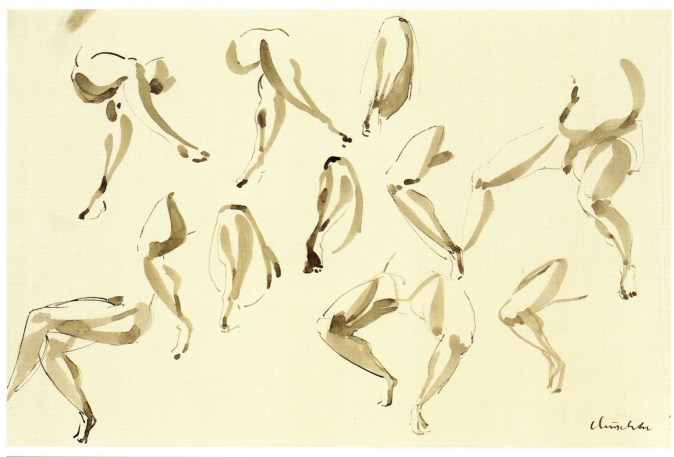

6.

Studien zu Aufbau, Funktion und Plastik des Rumpfes

Die plastischen Erscheinungen und Ereignisse am Rumpf sind gravierender als an den Gliedmaßen. Denn am Rumpf müssen dünne, flächige Muskeln Lücken zwischen dem Skelett schließen. Ihr gesetzmäßiges Verhalten hängt von den Beziehungen der plastischen Kerne (Becken und Brustkorb, siehe hierzu Kapitel 5 und 6 der großen Ausgabe) ab sowie der Einrichtung des Schultergürtels, der die verschiebbare Basis für die Bewegung der Arme ist (siehe hierzu Abschnitt 8.3.)

Bevor ein verstehendes zeichnerisches Studium der Rumpfmuskeln angezeigt ist, müssen Studien von Becken und Brustkorb (Abb. 79, 81) sowie Studien von Bau und Mechanik des Schultergürtels (Abb. 79–84) vorausgegangen sein. Ohne die Summe aller dieser Voraussetzungen kann kein erfolgreiches Zeichnen der Rumpfarchitektur in Ruhe und Bewegung erwartet werden (Abb. 83–87). Ans Ende gesetzt werden können dann räumliche Untersuchungen (Abb. 100, 101).

Die einzige knöcherne Verbindung zwischen den plastischen Kernen bildet die Doppel-S-Form der Wirbelsäule (Abb. 79, 81). Der *Brustkorb* wird als eine geschlossene Gefäßform behandelt, die den Rumpf nach oben als eine in der Tiefenausdehnung zusammengedrückte Kuppel abschließt. Wir beachten (Abb. 81):

● Die eigentliche Frontfläche umfaßt das Brustbein und die von seinem Rande abzweigenden Rippenknorpel.

● Die rippenseitigen Endungen der Rippenknorpel bilden untereinander eine nach unten leicht bogenartig ausschweifende Facette gegen die Spangenform der Rippen.

● Von hier an entwickeln sich die Brustkorbflanken in die Tiefe (hierzu zeichnen wir Brustkorbquerschnitte in einigen Abständen, keine Einzelrippen).

● Die Kuppelform öffnet sich nach oben in Nierenform und verbreitert sich stark bis in Höhe etwa der 3. Rippe, von da an abwärts in mäßig zunehmender Konvexität, wie übrigens *alle* Brustkorbregionen Konvexspannungen haben.

● Der vordere Brustkorbabschnitt bildet den von der Brustbeinspitze ausgehenden Rippenbogen.

● Die untere Brustkorböffnung ist beträchtlich weiter als die obere, jedoch ein wenig enger als die wenig darüber befindliche größte Brustkorbweite.

Zeichnerisch lösen wir die Aufgabe wie folgt:

● Herstellung des räumlichen Bezugssystems (Verlauf der brustbein- und wirbelsäulenseitigen Mittelachsen),

● hierzu die räumlichen Querachsen des obersten und untersten Brustkorbendes, je nach Ansicht.

● Erst hiernach die Konvexformen der Kuppelgestalt in Verbindung mit dargestellten Querschnittuntersuchungen in das Bezugssystem einfügen.

Das in Aufsicht S-förmig geschwungene Schlüsselbein (Abb. 79, 81) besitzt nur in Verbindung zum Griff des Brustbeines (inneres Schlüsselbeingelenk) eine punktartige knöcherne Brücke zum Rumpfskelett. Es schwenkt daher den mit der Schulterpfanne verbundenen Arm um die Brustkorbflanken abstemmend herum und ist hebe- und senkfähig (Abb. 79). Im Schulterdach verbindet sich die Schultergräte des dreieckigen Schulterblattes beweglich mit dem äußeren Schlüsselbeinende (Abb. 79, 81). Das Schulterblatt führt ausgiebige Schwenkbewegungen auf der Brustkorbunterlage aus, vor allem beim Vertikalerheben oder Kreuzen der Arme vor der Brust. Denn mit diesen Verschiebungen wird der Aktionsradius der Arme beträchtlich erweitert. Das wandlungsfähige Relief des Schultergürtels verdient daher ein Einzelstudium nach dem Aktmodell (Abb. 82, 84).

Die flächige Ausbreitung der vorderen und seitlichen Bauchdecke (reine Rumpfmuskeln, Abb. 88) ist die Grundlage für das Verständnis der räumlich-plastischen Erscheinungen sowie für die Veränderungen der Bauchdecke durch Stauung (Abb. 93, 97), Dehnung (Abb. 83–86, 95) und Drehung zwischen Becken und Brustkorb (Abb. 87, 90, 92, 94).

Bei allen diesen funktionellen Vorgängen mit den gesetzmäßigen Verhaltensweisen der Bauchdecke und Haut müssen diese Weichformen wie eine wandlungsfähige Draperie gezeichnet werden. Es ist besser, diese Faltenzüge expressiv zu überhöhen (Abb. 85, 90, 94, 96), statt sie müde, lahm und ungewiß abzuwürgen.

Die vordere und seitliche Bauchdecke spannen sich als Zwischenformen zwischen der Vorder- und Seitenfläche von Brustkorb und Becken aus. Für die hier bestehende räumliche Staffelung ist die Beschaffenheit von Becken und Brustkorb verantwortlich. Bauliches, körperhaftes Zeichnen muß daher immer von dem Mitsehen und Mitdenken der beiden Baukörper ausgehen und dies auch sichtbar und nacherlebbar machen. Verglichen mit diesen Hauptmassen und optischen Gewichten sind alle anderen Formen, Brustmuskeln, Brüste, Schultergürtel nur aufgelagerte Nebenformen. In der oberen Rumpfregion muß eben spürbar werden, wie sich die Brustkorbkuppel zwischen dem Schultergürtel nach oben hin »durcharbeitet« und die Frontfläche und die Flanken sich als stabile, konstante Formen gegen die Weichteilformen durchsetzen.

Einer wichtigen plastischen Erscheinung sei noch gedacht: der Schildform des großen Brustmuskels (Verbindung zum Arm) und der auf ihm lagernden Brüste. Beide bilden beim Erheben des Armes einen wulstigen Strang, der das äußere Schlüsselbeinende überschneidet (Abb. 83, 85, 90, 96). Von hinten kommend, erreicht der breiteste Rückenmuskel die Oberarminnenseite und bildet zusammen mit dem großen Brustmuskel und der oberen Brustkorbflanke die Achselhöhle. Beim Vertikalerheben des Armes entsteht regelmäßig eine Stauung des Deltamuskels über dem Schulterdach, wodurch an diesem Punkt der Schultergräte sich eine Doppelfalte einstellt. Die distanzierte Nachbarschaft zwischen Delta- und großem Brustmuskel am Schlüsselbein führt zur Bildung der unteren Schlüsselbeingrube (Abb. 89).

Die in Abbildung 85 und 86 angedeuteten räumlichen Staffelungen der Vorderfront müssen wir ausdehnen auf räumliche Untersuchungen des Rückens, analog den Untersuchungen, die schon in den Abbildungen 6 und 8 aufgenommen worden waren. Die am weitesten zurückliegenden Partien entziehen sich praktisch der Darstellbarkeit, so daß von hier aus grenzlose Übergänge von tiefen Körperzonen in den Raum möglich werden (Abb. 100).

79 Die räumliche Bewegung des Schultergürtels
Die Aufsicht auf das Skelett in Vierfüßerstellung gewährt ein besonders gutes Verständnis für die S-förmige Schwingung des Schlüsselbeins und vor allem seiner räumlichen Flucht von seiner Verbindung zum Brustbeingriff nach hinten zur Verbindung mit der Schultergräte.
Fachrichtung Restaurierung, 2. Semester

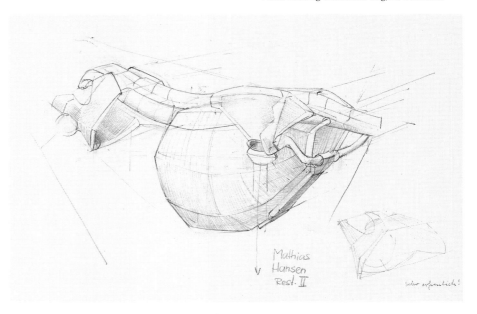

80 Funktionsstudie vom vorderen Teil des Schultergürtels, dem Schlüsselbein
Das Erheben des Armes über die Horizontale ist verbunden mit einem gekoppelten Anstieg des Schlüsselbeins im Schulterdachbereich, wobei seine Überschneidung durch Brustmuskel und Brüste verdeutlicht werden muß.
Aus einem Bammes-Kurs, Schule für Gestaltung Zürich

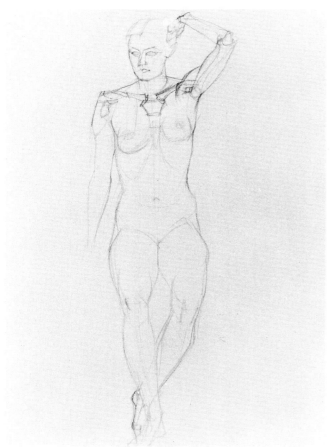

81 Studien von den plastischen Kernen, Becken und Brustkorb
Ohne ein Einzelstudium der beiden Gefäßformen hat man am Akt Schwierigkeiten über die Definierbarkeit räumlicher Richtungen. Der Schultergürtel erscheint als barocke Verkleidung der oberen Brustkorbkuppel.
Fachrichtung Theatermalerei, 2. Semester

1 Bo

Carsten Störmer TM II

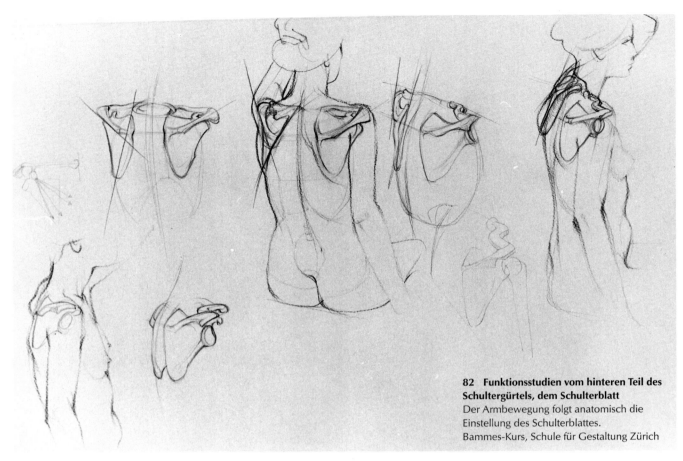

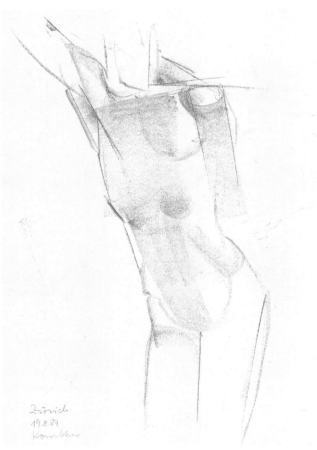

Zürich
19.8.87
Korrektur

82 Funktionsstudien vom hinteren Teil des Schultergürtels, dem Schulterblatt
Der Armbewegung folgt anatomisch die Einstellung des Schulterblattes.
Bammes-Kurs, Schule für Gestaltung Zürich

83 Darstellbarkeit von Elementarsachverhalten
Mit breitem Graphit sind die Rumpfvorder- und -seitenfläche und die zurückgesetzte Armwalze sowie der Raum der Achselhöhle komplex erfaßt.
Demonstrationsstudie des Verfassers aus Bammes-Kurs, Schule für Gestaltung Zürich

84 Funktionsstudie vom Verhalten des Schulterblattes
Man orientiert sich am Verlauf der Schultergräte, des inneren Schulterblattrandes und an der Stellung der Schulterblattspitze.
Bammes-Kurs, Schule für Gestaltung Zürich

85 Das Hervortreten von Becken und Brustkorb
Reckend wird die Bauchdecke gedehnt, was zum Hervortreten der plastischen Kerne Becken/Brustkorb führt.
Demonstrationsstudie des Verfassers aus dem Bammes-Kurs, Schule für Gestaltung Zürich

86 Das räumliche Vorn und Hinten am Rumpf
Das Eintauchen eines Fingers in Graphitstaub und sein Abstreichen ermöglicht elementare Raumrealisierung.
Demonstrationsstudie des Verfassers aus dem Bammes-Kurs, Schule für Gestaltung Zürich

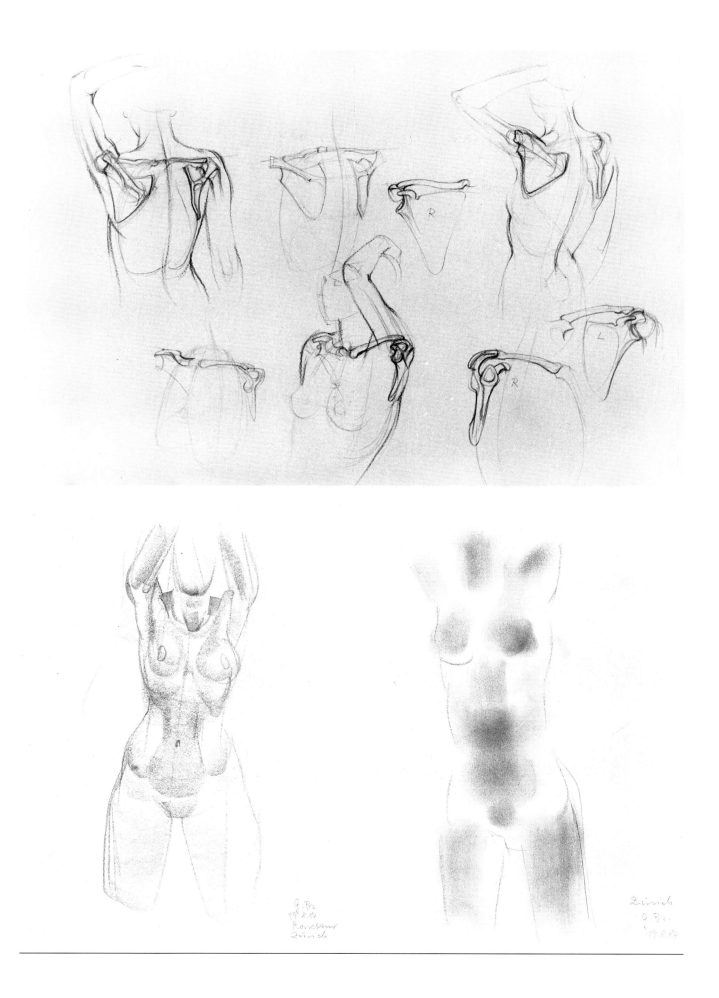

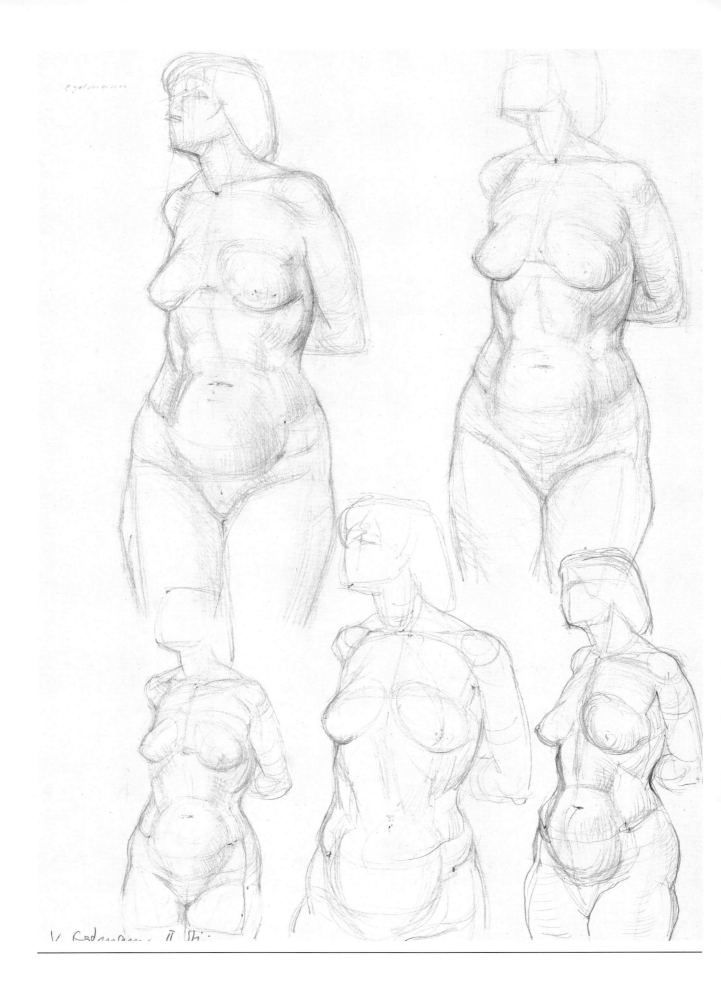

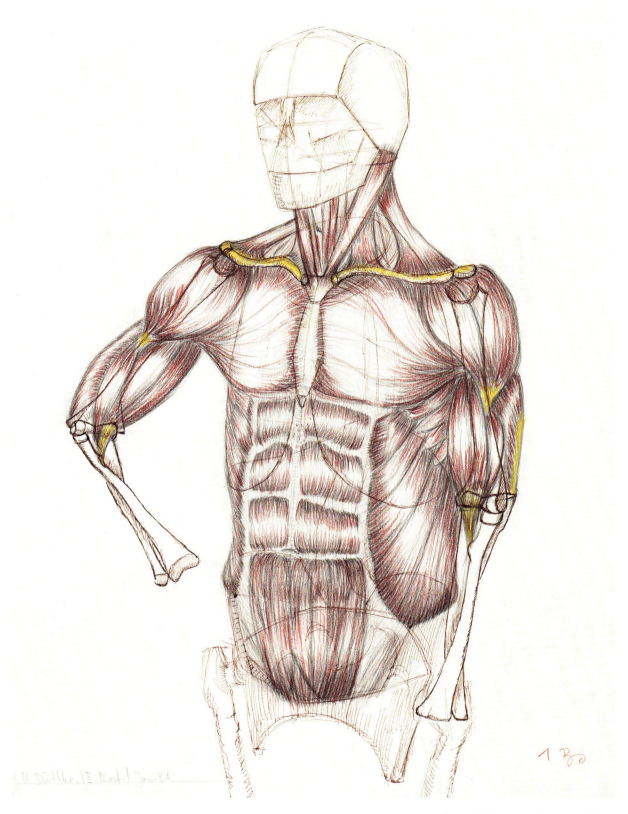

87 Rumpfarchitektur in Verdrehung
Die veränderte Haltung des Brustkorbes
über dem Becken veranlaßt die Bauchdecke
zu spiraligen Zügen. Ein bauendes Zeichnen
umgreift die unterschiedlichen Volumina.
Fachrichtung Plastik, 2. Semester

**88 Rekonstruktionsversuch zur Rumpf-
muskulatur**
Die Kenntnisse über die Anlage der Rumpf-
muskulatur erweist man als Analyse nach
dem Aktmodell.
Fachrichtung Restaurierung, 2. Semester

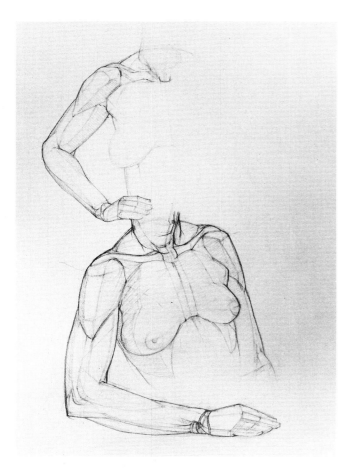

89 Die Beziehung des Armes zu den gebauten Oberkörperformen
Die knöchernen Strukturen des Oberkörpers stehen im Wechsel mit den Weichformen. Sorgfältig beobachtete Überschneidungen markieren räumliche Sachverhalte, vor allem den Ort des Armansatzes.
Aus einem Bammes-Kurs, Schule für Gestaltung Zürich

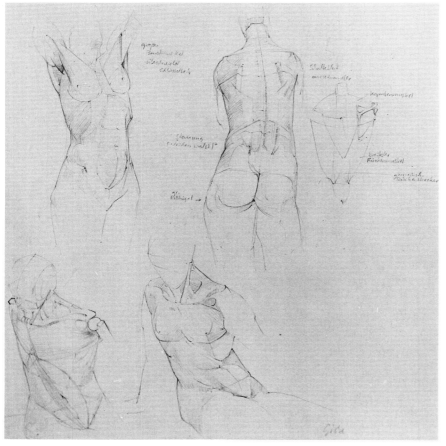

90 Funktionsstudien vom Verhalten der Bauchdecke
Unter Zugrundelegung der Formerfahrung über Becken und Brustkorb gelingt es leicht, das gesetzmäßige Verhalten der Weichformen als Folge der veränderten Beziehung von Becken und Brustkorb zu definieren.
Fachrichtung Malerei/Graphik, 2. Semester

**91 Die plastischen Formen unter Ein-
beziehung atmosphärischer Wirkungen**

Die Loslösung vom strengen Formenbau ist
geschehen unter Mitsprache von Atmo-
sphäre und stofflichem Reiz. Das lockere,
leichte Hinstreichen führt zu einem
beschwingten graphischen Vortrag von
impressiver Wirkung.
Aus einem Bammes-Kurs, Schule für
Gestaltung Zürich

**92 Funktionell plastische Untersuchung
der Bauchdecke und Schenkel**

Die zeichnerische Konzentration gilt dem
durchhängenden Leib unter der Einwirkung
von aufliegendem Becken und gestütztem
Brustkorb. Auch die Oberschenkelformen
sind in lagernder Erschlaffung dargestellt,
zwischen ihnen und dem Leib die tiefe
Einmuldung.
Fachrichtung Theatermalerei, 3. Semester

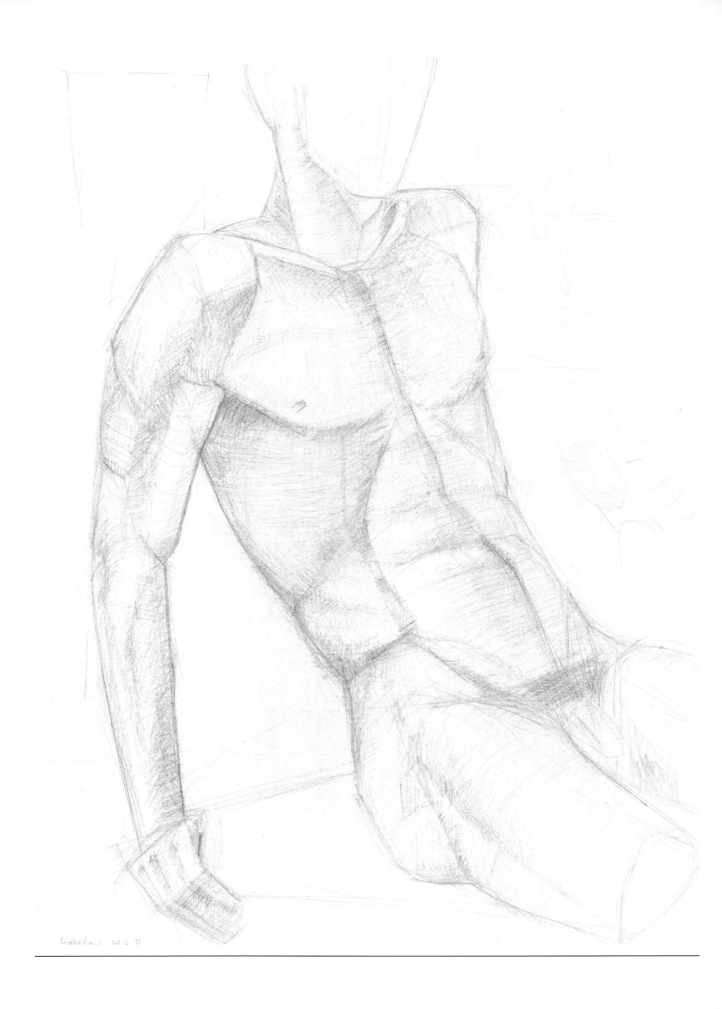

Haberland MIL II

93 Zwei Schwerpunkte der Form-untersuchung

Der im Stütz zurückgelehnte Oberkörper macht das Verhalten des Schultergürtels, der zwischen den Armsäulen durchsinkt, und die durch Stauung quergefaltete Bauch-decke eindrücklich.
Fachrichtung Malerei/Graphik, 3. Semester

94 Studie von Mehrfachfunktionen

Herausgearbeitet sind die durch Torsion veränderten Ebenen von Becken und Brustkorb, damit verbunden der Diagonal-zug der Bauchdecke und ihrer gleichzeiti-gen seitlichen Stauung und Dehnung durch Abstützen.
Aus einem Bammes-Kurs, Schule für Gestaltung Zürich

95 Gesetzmäßige Formbildungen im aufgereckten Sitz

Zu verfolgen sind die Tatsachen, daß das Becken im Sitz vertikal steht, sich daher die Lendenlordose abflacht und Brustkorb und Brüste durch Armerheben ansteigen, die Bauchdecke ist gedehnt (rechte Figur).
Aus einem Bammes-Kurs, Schule für Gestaltung

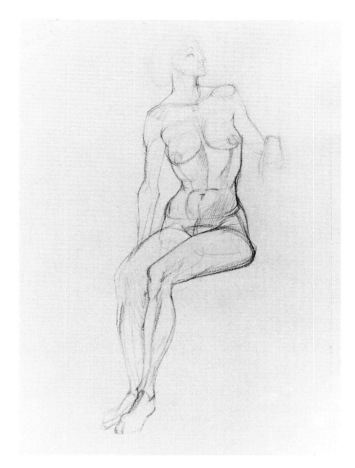

98 Freie graphische Behandlung des Oberkörpers
Scharfe Schraffuren und Konturen erzeugen hier stärker eine expressive Grundhaltung als eine geordnete Untersuchung von Formen und Vorgängen.
Aus einem Bammes-Kurs,
Schule für Gestaltung Zürich

99 Die Rumpfarchitektur in der Beschränkung auf lineare Darstellung
Gut erkennbar ist die primäre Anlage des räumlichen Bezugssystems, besonders des räumlich-rhythmischen Verlaufs der Körpermittellinie. An ihr orientiert sich die Anlage der Grundvolumina von Becken und Oberkörper.
Aus einem Bammes-Kurs,
Schule für Gestaltung Zürich

96 Betonung der Körperarchitektur unter Nutzung des Streiflichtes
Deutlich ist das Volumen des geraden Bauchmuskels durch Stufung gegen den äußeren schrägen Bauchmuskel abgesetzt. In Verbindung mit diesem bildet die Flanke des Brustkorbs die Seitenansicht des Rumpfes.
Aus einem Bammes-Kurs,
Schule für Gestaltung Zürich

100 Räumlich gerichtete Untersuchungen am Rumpf
Allein aus dem Abwägen der räumlichen Schritte von vorn in die Körpertiefe entsteht – ohne vorherige Umrißangaben – das körperliche Volumen. Die Dialektik räumlicher und körperlicher Erscheinung ist für das Zeichnen ein unerläßliches Miteinander.
Fachrichtung Malerei/Graphik, 3. Semester

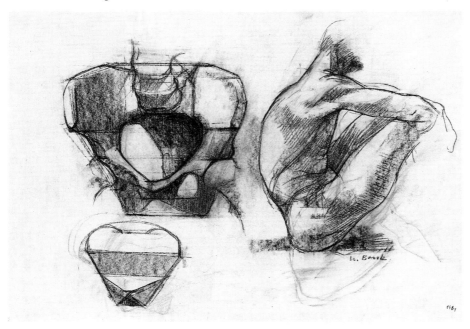

97 Das Verhältnis von Dehnung und Stauung
Die Annäherung des Brustkorbs an das Becken bei vorgebeugter Sitzhaltung schiebt die Bauchdecke zusammen, der Rücken wird gespannt. Der vorgeführte Arm zieht den breitesten Rückenmuskel mit nach vorn.
Fachrichtung Malerei/Graphik, 3. Semester

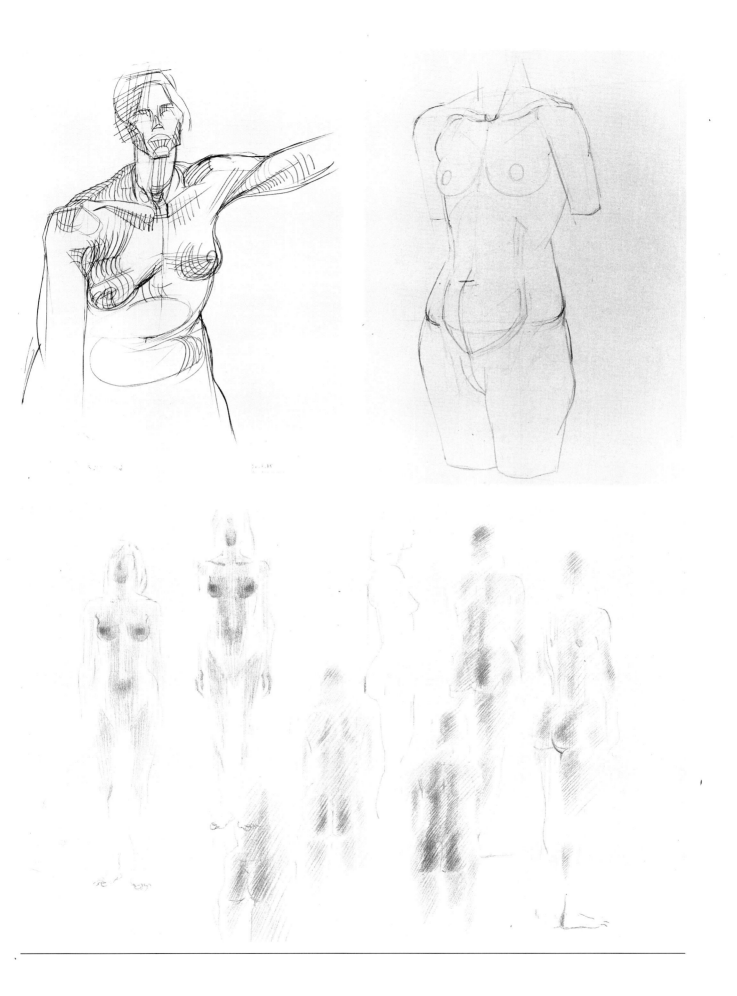

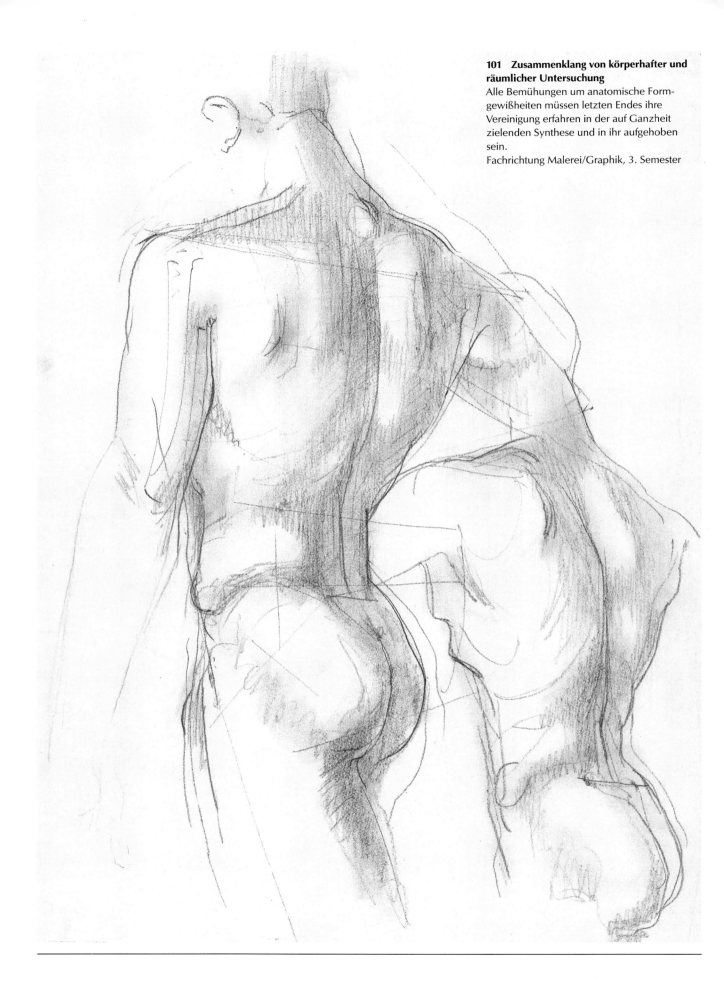

Alle Bemühungen um anatomische Form-
gewißheiten müssen letzten Endes ihre
Vereinigung erfahren in der auf Ganzheit
zielenden Synthese und in ihr aufgehoben
sein.
Fachrichtung Malerei/Graphik, 3. Semester

7.

Vorstellungsgebundene Skelettstudien

Mit Ausnahme des Arm- und Handskelettes sind in unsere bisherigen Erörterungen zu Problemen des zeichnerischen Naturstudiums von einzelnen Körperabschnitten stets auch die entsprechenden Gerüststudien einbezogen worden. Wir verstehen solche Studien als unerläßliche Arbeitsetappen vor der Natur, um das Verständnis für die Struktur der lebenden Erscheinung zu fördern. Unser Weg führte und führt somit von der Tiefe zum Relief der Oberfläche. Unter »Tiefe« wollen wir nicht allein das dem Auge schwerer zugängliche Innere begreifen, das wir repräsentiert finden im Gefäßcharakter der plastischen Kerne von Schädel, Becken und Brustkorb. Solche Gefäßformen besitzen auch die besondere Eignung, in der Außenplastik des Körpers mitgedacht werden zu können.

Aber neben solchen »Grundlagen« wie dem Aufbau von Räumen birgt die Tiefe skeletale Einrichtungen in Gestalt von Gelenkformen, durch deren Studium allein mechanische Vorgänge, in Verbindung mit Muskulatur, erst begreifbar werden. Jenem Verständnis für Wesentliches der organischen Formen sind wir zu Hilfe gekommen mit der Betonung der konstruktiven Formen.

Gehen wir von der Absicht der Künstleranatomie aus, den Lernenden nicht nur auszurüsten mit einem Grundstock an Wissen und zeichnerischen Fertigkeiten vor den organischen Naturgebilden, sondern ihn auch zu einem vorstellungsgebundenen Figurenaufbau zu befähigen, so kommt diesem Vorhaben die Arbeit mit vorstellungsgebundenen Entwürfen vom Skelett in besonderem Maße entgegen.

Ebensowenig wie es außer Frage steht, daß die architektonisch verstandene Körperform wesentliche Aussagen über das strukturelle Wechselspiel der Lebenderscheinung macht, so unabdingbar hierfür ist die innere Vorstellungsverfügbarkeit über Form und Verhalten des Gerüstwerkes, ohne das kein architektonisches Gefüge geben kann.

Aus den Erfahrungen der Lehrpraxis hat es sich immer wieder bestätigt, daß die Studien von einzelnen Skeletteilen vor der Natur immer wieder der vorstellungsgebundenen Aktivierung und Reaktivierung bedürfen. Hiermit steigen die Anforderungen, aber auch die Bewegungsfreiheit des Studierenden. Denn nun ist er angehalten, die ausgebildeten Vorstellungen von der konstruktiven Beschaffenheit der Einzelformen zu einem größeren Ganzen zu fügen und deren Zusammenspiel im Ganzen aufgehen zu lassen (Abb. 102–109).

Das ist eine der wichtigen Bewährungsproben für das als wesentlich Erkannte, ein Zeugnis für die gediehenen oder steckengebliebenen Fähigkeiten und Fertigkeiten.

Der Weg ihres Testes kann seinen Verlauf über verschiedene Schwierigkeitsgrade nehmen, sei es in Form einer »nachträglichen« Skelettanalyse nach dem Aktmodell und seiner Pose oder sei es die freie Erfindung von Bewegungen. Beide Formen von Naturuntersuchungen werden in diesem Kapitel vorgestellt, die Analysen nach Modell in den Abbildungen 102 bis 106, die freien Bewegungsvorstellungen vom Skelett in den Abbildungen 107 bis 109.

In allen Beispielen wird der Beweis erbracht, daß mit skeletalen Modellanalysen wie auch bei freien Bewegungsvorstellungen der Skelettapparat in Aktion gezeigt wird und damit verbundene Gelenk- und Verkürzungsvorgänge beherrscht werden müssen.

Bei den Modellanalysen stehen folgende Kriterien im Vordergrund (Abb. 103–106):

● Anwendung der verstandenen Wechselwirkung von Funktion und Konstruktion, insbesondere der Gelenkformen, in Aktion. Die zeichnerische Darstellung der vereinfachten Skelettformen muß ihre »Beweiskraft« enthalten, das heißt, die Formvereinfachung muß reflektieren, wozu die Gelenkkonstruktionen fähig sind und welche funktionellen Ereignisse sie auszulösen in der Lage sind.

● Die Modellpose muß im Entwurf der konstruktiven Skelettformen ihren adäquaten, überzeugenden Bewegungsausdruck widerspiegeln.

● Die damit verbundenen räumlichen Sachverhalte, so von nach vorn und hinten gerichteten Körperteilen, müssen ihren entsprechenden Niederschlag im Skelett finden.

Für die freien Bewegungsvorstellungen gelten dieselben Kriterien. Der neue Schwierigkeitsgrad besteht im völligen Verzicht auf irgendeine Modellanwesenheit (Abb. 107–109):

● Man wolle nicht irgendwelche »Bewegungen« erfinden. Die auf keine exakt vorgestellte Tätigkeit gerichtete Bewegungserfindung macht die Figur zum Hampelmann.

● Daher: Man stelle sich eine ganz bestimmte Tätigkeit vor: ein ganz bestimmt umrissenes Stehen, Sitzen (Abb. 107), Liegen. Unerschöpflich die Skala sportlicher Bewegungen und der Arbeitsbewegungen (Abb. 107, 108).

● Um starken Bewegungsausdruck zu erzielen, muß man sich voll in die Tätigkeit versetzen, einfühlen, sie nachvollziehen, wobei man als Zeichner am besten die Tätigkeit einmal adäquat mit dem eigenen Körper ausführt, und da es sich nicht nur um rein von der Körpermechanik beherrschte Bewegungen handelt, sondern auch um psychische Bewegtheit, muß man sich dazu seelisch einstimmen.

Wie stark der Vereinfachungsgrad oder die Differenzierung erstrebt wird, mag individuell unterschiedlich sein. Die Formelementarisierung ist ja ein Monolog der Selbstverständigung. Hier gilt als Kriterium des Faßbarmachens die plastische Organisiertheit der Volumina und ihre Beziehungen zueinander. Beim differenzierenden Ausbau kommt es auf das strenge Einhalten der Ordnung, einer Formenhierarchie an, die in Anbetracht der Feingliedrigkeit der Gerüstformen ein besonders sorgfältiges Abwägen der verbliebenen kleineren Gelenkvolumina, ihrer Zusammenhänge mit den Nachfolgegliederungen und dem übergeordneten Ganzen erforderlich machen.

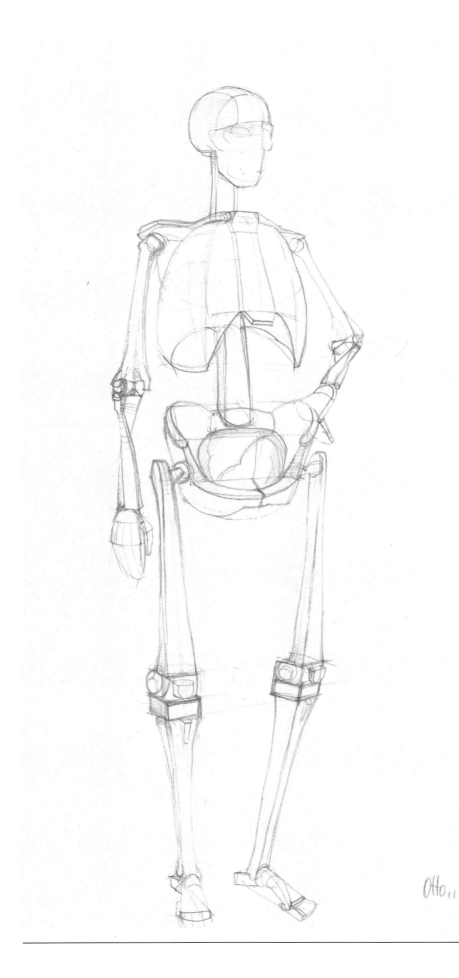

Wie für jede andere Körperstudie gilt zunächst auch hier ein geklärtes Ansichtsverhältnis, unter dessen Kriterien eine Modellhaltung auf ihre skeletalen Grundlagen hin analysiert werden soll. Hernach wird sich erweisen, wo und wie sich Lücken im konstruktiven Vorstellungsbesitz bemerkbar machen.
Fachrichtung Malerei/Graphik, 3. Semester

103 Die konstruktiven Skelettformen als Analyse von einer Sitzhaltung

Deutlich erkennbar ist die Bemühung um Klärung der Beziehung und des Verhaltens der plastischen Kerne (Becken- und Brustkorbstellung) sowie die Überhöhungen der in die vordere Raumzone vordringenden Gliedmaßen.
Fachrichtung Bühnenbild, 3. Semester

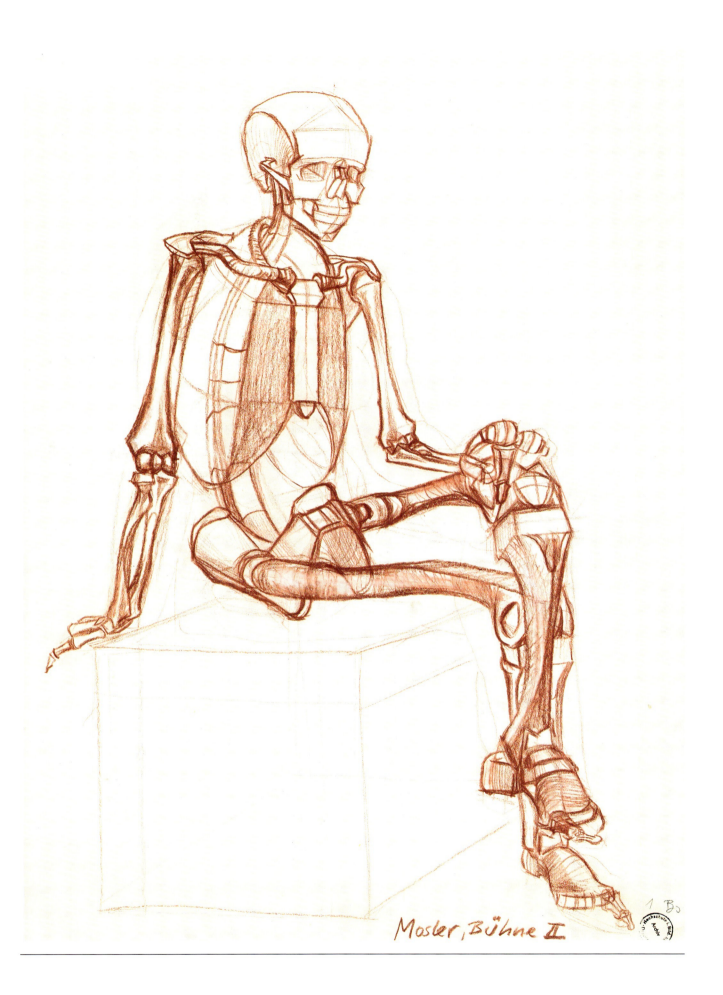

Mosler, Bühne II

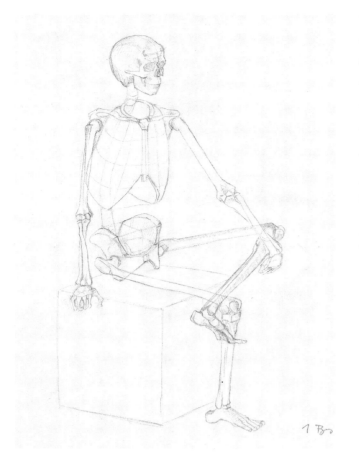

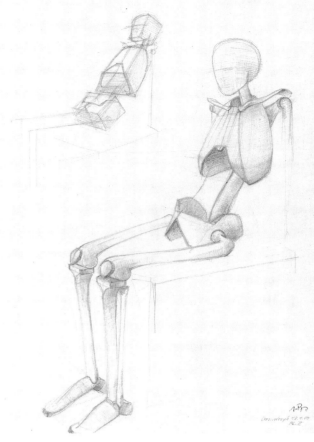

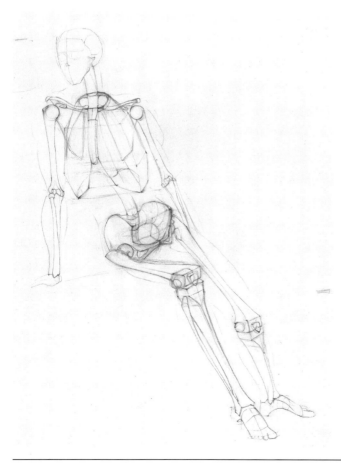

104 Skelettanalyse mit starkem Differenzierungsgrad nach einer Modellhaltung
Die Durchbildung der Skelettformen und ihrer funktionellen Vorgänge, besonders im Bereich der übereinandergeschlagenen Beine, sind die Kernstücke der Arbeit.
Fachrichtung Bühnenbild, 3. Semester

105 Skelettanalyse mit ausgeprägter Formelementarisierung nach einer Modellhaltung
Die Form und Beziehung der plastischen Kerne zueinander (siehe auch Nebenzeichnung) bei hinterer Sitzlage ordnen sich dem Ereignis im Schultergürtel zu, in welchem sich das Durchhängen des Rumpfskelettes zwischen den stützenden Armen vollzieht.
Fachrichtung Plastik, 3. Semester

106 Skelettanalyse vom Modell in einer Sitzhaltung mit Mehrfachfunktionen
Das Problem besteht in der Lösung von einseitigem Armstütz, einseitig belastetem Becken, gegensätzlichen Richtungen von Becken und Brustkorb und gebeugt aufgesetztem Bein.
Fachrichtung Bühnenbild, 3. Semester

107 Freie Bewegungsvorstellungen mit dem Schwerpunkt Bewegungsausdruck

Das Skelett wird in sehr unterschiedlichen Aktivitäten gezeigt, wobei sein überzeugender Ausdruck aus ganz exakt vorgestellten funktionellen Vorgängen resultiert.
Fachrichtung Malerei/Graphik, 3. Semester

108 Freie Bewegungsvorstellungen mit selbstgewählten starken Verkürzungen

Das Gelingen des Entwurfes schwieriger Skelettverkürzungen hängt weitgehend ab von dem Vorstellungsvermögen, mit dem das konstruktive Durchbauen der Gerüst- und Gelenkformen erfolgt.
Fachrichtung Restaurierung, 3. Semester

109 Freie Bewegungsvorstellungen als Dokumentation eines vorläufigen Stoffgebietsabschlusses

Alle Skelettentwürfe der Abbildungen 102 bis 109 stellen einen Höhepunkt der Aktivierung und Reaktivierung vorstellungsgebundener Arbeit dar. Der Schüler durfte bei seinen Versuchen die noch nicht behandelten Formen des Armskelettes weglassen, um den Test des vorstellungsgebundenen Skelettzeichnens nicht zu weit hinauszuschieben.

Fachrichtung Restaurierung, 3. Semester

8.

Studien zu Aufbau, Funktion und Plastik von Hand und Arm

Es entstehen wohl nirgendwo sonst so dringende Erfordernisse, erkennende, verstehende Studien zu treiben wie bei Fuß-, Arm- und Handskelett. Die Feingliedrigkeit des Baues und, mit ihr verbunden, die hohe Differenzierung und funktionelle Universalität von Arm und Hand gehören noch immer zu den Prüfsteinen zeichnerischen Vermögens in funktionellem und gestischem Ausdrucksvermögens. Aus dieser Erkenntnis ergibt sich eine Stufenfolge von zeichnerischen Arbeitsaufgaben (siehe hierzu auch Kapitel 8 der großen Ausgabe):

- Studien zu Skelettarm und -hand in konstruktiven Formen, diese in Funktion (Abb. 110–113),
- Studien zur lebenden Hand mit Elementaruntersuchungen zu Bau und Volumen der Hand (Abb. 114–125),
- durchgearbeitete Handstudien (Abb. 126–131),
- Studien mit betont räumlichen Aspekten (Abb. 130, 132),
- freie Inventionen zur Gestik der Hand (Abb. 133–139),
- freie, expressiv betonte Handstudien (Abb. 140–143).

Hieran schließen sich Studien zum lebenden Gesamtarm an, mit dem Schwerpunkt architektonischen Formverständnisses der Aktionen von Arm und Hand (Abb. 144–151).

Aus der Abstimmung einer solchen Folge ersehen wir, wie am Anfang des Weges die notwendige Nahbetrachtung, am Ende die zügig vorgetragene Studie steht.

Um welche zeichnerischen Kriterien für das Unterarm- und Handskelett wollen wir uns bemühen (Abb. 110–113)?

- Primärer Ausgangspunkt der Anlage ist die Sicherung der Verlaufsrichtungen der einzelnen Abschnitte.
- Herausarbeitung der konstruktiven Formen aller Gelenke, von der genuteten Querwalze des Ellenbogengelenkes (siehe 8.10.) über das ovoide Handgelenk (siehe 8.12. bis 8.12.6.), die quasi kugelgelenkförmigen Grundgelenke der Finger (siehe besonders Abb. 111–113) bis in die Scharniergelenke der Fingerendgelenke.
- In komplexer Zusammenfassung die Verwringung der Speiche um die Elle (Abb. 110 Mitte, 112 links) und die der Mittelhand, hier auf das Gefälle der Handrückenwölbung achten (Abb. 112).
- Auf den Formzusammenhang von der Speiche über die Mittelhandinnenseite bis in den Zeigefinger achten (bes. Abb. 113).

Beim zeichnerischen Bauen der Lebendhandstudie gilt:

- Jeder Einzelfinger besitzt dank der Wölbung des knöchernen Handtellers seine eigene räumliche Stellung (bes. Abb. 114, 116, 117, 132).
- Die Ballungen der Weichformen (Handteller) begegnen sich in ihren Konvexitäten und lassen so Höhen und Tiefen entstehen.

- Den Wechsel von Weich- und knöchernen Formen betonen (bes. Abb. 118, 126, 129, 131).
- Immer daran denken: Keine Handhaltung ist funktionslos, sie liegt, hängt, ballt sich, schmiegt sich an, greift, bildet Schalenform usf.
- Kantig gebaute Formen von Handteller und Fingern benutzen (Abb. 115, 116, 120–123, 125, 132), um keine Gummiwürste zu machen.

In durchgearbeiteten Handstudien sollen folgende Hauptkriterien gelten:

- Beachtung der feinsten Überschneidungen bis hinein in die letzte Fingerkuppe.
- Strukturelle Feinheiten wie Knöchel, Sehnen und Gelenkverstärkungen herausarbeiten (bes. Abb. 124, 126, 129, 130, 136), den Formen der großen und kleinen Wölbungen durch das Strichwerk nachgehen.

Den Studien zur Gestik der Hand sei dieses Vorgehen empfohlen:

- Mit einfachsten Mitteln, ohne sich an anatomische Einzelheiten zu verlieren, die attraktivste, beredteste Handform suchen, dies in nahezu imaginativer Kraft. Hier sehr schnell arbeiten (Abb. 133–135, 137–139).
- Hierfür Medien einsetzen, die der Einbildung zu folgen vermögen.

Für freie, expressiv betonte Studien spielen diese Faktoren eine besondere Rolle:

- Überhöhung des funktionellen Ausdrucks (Abb. 119, 132, 140–142).
- Mit unterschiedlichen Vortragsmitteln experimentieren: Freies lineares Herunterschreiben (Abb. 141), wohlbemessenes Zusammenziehen von Massen und ausgebildeten Formen mit halb trockenem Pinsel (Abb. 143).

Die Studien vom lebenden Arm und seiner Hand konzentrieren sich auf:

- Sichtbarmachen durchgängiger Grundformen und -richtungen mit den aufgeschichteten Muskelvolumina (Abb. 144, 146, 147, 148).
- Überzeugende, funktionell plastische Ereignisse im Armbereich als Vorbereitung auf die Spezifik des Handeinsatzes (Abb. 145, 146, 148) artikulieren.
- Herausarbeitung der Hauptvolumina und deren wechselnde Dimensionierung im Raum (Abb. 144, 146, 148).

Mit zunehmender Sicherheit im Erfassen von Bau, Funktion und Plastik von Arm und Hand erweitern wir unsere Schritte durch freiere Vortragsweisen. Das kann bedeuten, in lockerem Vortrag die weichen, schwingenden Formen von Haut und Muskulatur in offenem Strichgewebe zu behandeln und Kontraste zu schaffen zu den festen, stabilen Knochenformen (Abb. 149, 150, 151). Mit der Sicherheit der Fertigkeiten und den erworbenen Sachkenntnissen entsteht für ein künstlerisches Naturstudium die Freiheit des Weglassens, der Abkürzung, der Zeichensetzung, der Konzentration und Verdichtung, Abstraktion und Kombinatorik, durch die eine Ansammlung von Vielförmigkeit und punktuell Gesehenem – gerade bei Arm und Hand – überwunden werden können.

Sattelgelenk der Handwurzel d. Daumen

Ellipsoidgelenk d. Handgelenks

Röske / Pl.
4. 3. 88

110 Eingliederung verschiedenartiger Gelenkformen in das Unterarmskelett

Die vielgestaltigen Gelenkformen, vom kombinierten Ellenbogengelenk über das ovoide Handgelenk, das Sattelgelenk des Daumens oder die Scharniergelenke der Finger sind in zahlreichen Nebenstudien in Prinzipdarstellung erfaßt, um sie in die größeren konstruktiven Gesamtzusammenhänge einzugliedern.
Fachrichtung Plastik, 4. Semester

111 Gegenseitige Förderung von komplexer Auffassung und Detaildarstellung

Im oberen Abbildungsbereich wird der Mittelhandrücken als komplex zusammengezogenes Gewölbe dargestellt, im unteren werden die Details als Bestandteile des Wölbungskomplexes behandelt. Jeder einzelne Mittelhandknochen entspricht konstruktiv einer Spannbrücke. Alle Gelenkdarstellungen – ebenfalls konstruktiv verstanden – machen Aussagen über ihre Funktionsfähigkeit.
Fachrichtung Plastik, 4. Semester

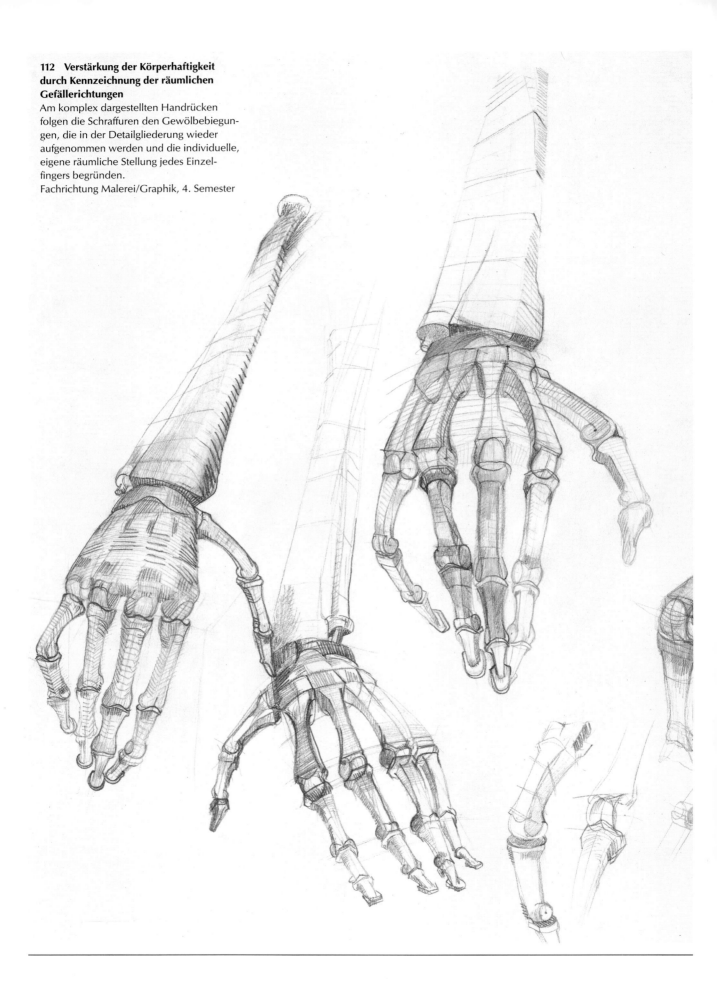

112 Verstärkung der Körperhaftigkeit durch Kennzeichnung der räumlichen Gefällerichtungen

Am komplex dargestellten Handrücken folgen die Schraffuren den Gewölbebiegungen, die in der Detailgliederung wieder aufgenommen werden und die individuelle, eigene räumliche Stellung jedes Einzelfingers begründen.
Fachrichtung Malerei/Graphik, 4. Semester

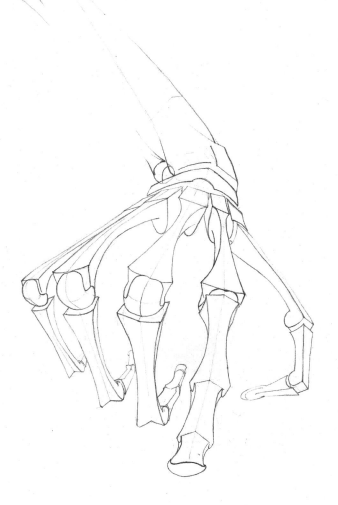

Bonnard 2 Stj /82   M/G

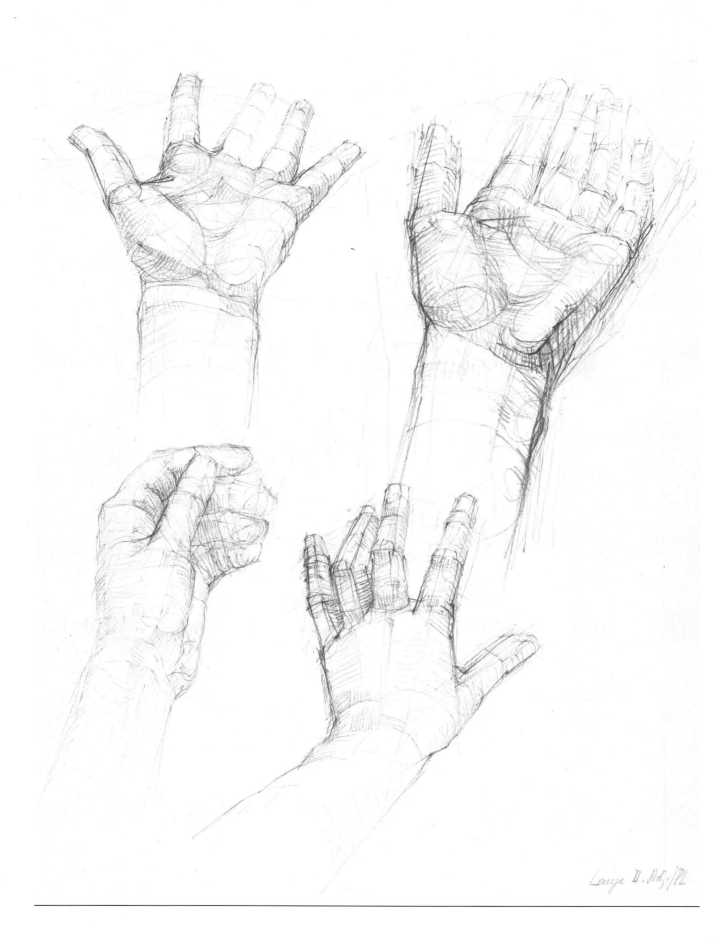

Lange II. Hdz./92

114 Bauliche Darstellungsweise im Verein mit Richtungsentschiedenheit und Ballungen der Volumina

Die auf klar geordneten Volumina beruhende gebaute Hand erleichtert die Meisterung von Verkürzungsproblemen. Hinzu treten die entschiedenen Richtungsführungen und -fortgliederungen, die den Ausdruck von Stabilität erzeugen.
Fachrichtung Plastik, 4. Semester

115 Die Einrüstung der Hand mit stereometrischen Formen

Verkürzungsprobleme lassen sich leichter meistern, wenn man vorerst die starken Formdifferenzierungen in einfache kuboide Gebilde verwandelt.
Fachrichtung Theatermalerei, 4. Semester

116 Die Einheit von Gesamt- und Einzelwölbung in der Handstudie

Primär war die Aufgabe zu lösen, indem ausschließlich nur die durch die räumliche Ansicht bedingten Rundungen zu verfolgen waren. Erst nachträglich durften einige wenige stabilisierende Konturen eingesetzt werden.
Fachrichtung Malerei/Graphik, 4. Semester

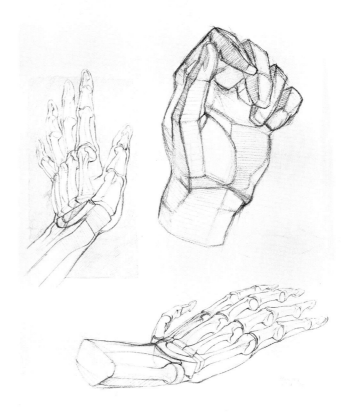

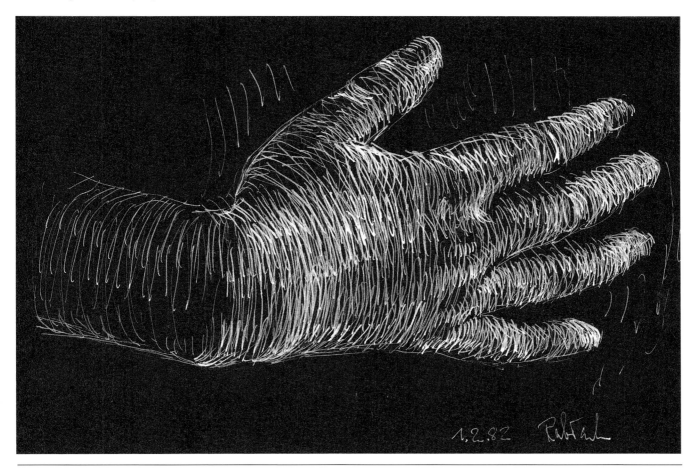

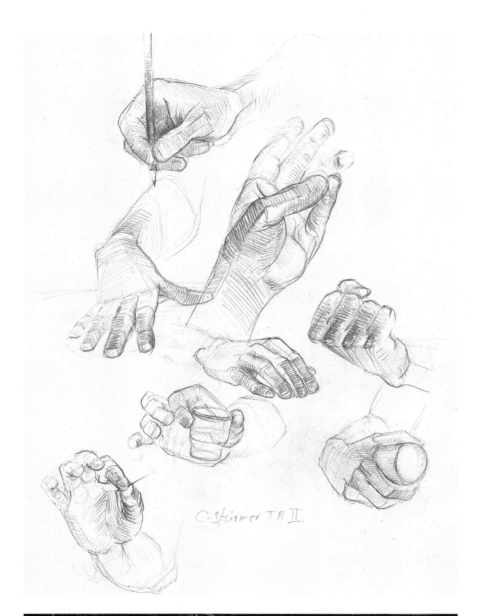

C. Stürmer TM II.

117 Synthese von Funktion und plastischer Organisation
Die Skala der tätigen Hand reicht von der geballten Faust bis zum Halten feiner Gegenstände. Die klar organisierten Strichlagen zur Bestimmung der Körperhaftigkeit dienen hier auch zur Klärung der funktionellen Vorgänge.
Fachrichtung Theatermalerei, 4. Semester

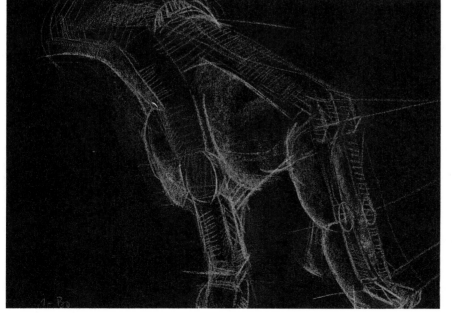

118 Baulich orientierte Handstudie
Die straffen Formen des Skelettes setzen sich betont ab von den Ballungen der Weichformen.
Fachrichtung Malerei/Graphik, 4. Semester

119 Räumliche und funktionelle Überhöhungen
Die weitgehend von der Vorstellung beherrschte Studie drückt den räumlichen Vorstoß der Hand aus durch Größensteigerung in Verbindung mit Überschneidungsfolgen und scharfer Artikulation der Fingerstellungen.
Fachrichtung Malerei/Graphik, 4. Semester

120 Einheit von körperlicher Darstellung und grenzlosen räumlichen Übergängen

Die Untersuchung geht von der Markierung der unterschiedlichen räumlichen Flächengefälle aus, markiert die Gelenkstärken und hält die Zeichnung von Umrißlinien frei, wodurch fließende räumliche Übergänge entstehen.

Fachrichtung Malerei/Graphik, 4. Semester

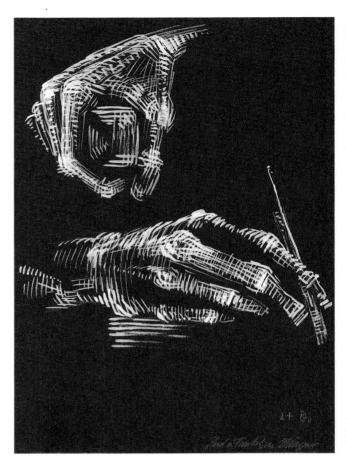

121 Das Miteinander von zwei Händen

Der Studienabsicht liegt die Verschmelzung von zwei getrennten Körpern zu einer gemeinsamen visuellen Einheit zugrunde. Zudem kommt es auf die Verdeutlichung der Formanpassung der oberen Hand an die untere an.

Fachrichtung Malerei/Graphik, 4. Semester

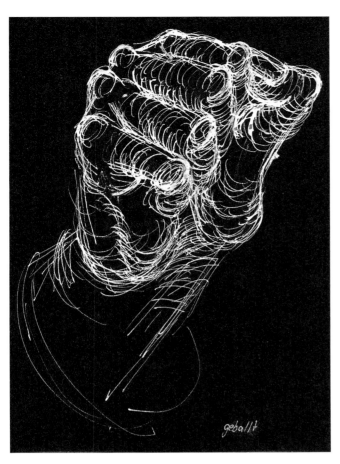

geballt

122 Organisation von Gesamtmasse und Einzelformen

In die zur Faust geballten Handmasse werden die Einzelvolumina eingebettet, indem die gebeugten Fingerglieder wie gewinkelte Rohrstücke behandelt werden.
Fachrichtung Malerei/Graphik, 4. Semester

123 Anpassung des graphischen Vortrages an die gleitenden Formen von Handrücken und Fingern

Während der zeichnerischen Anlage wurde weitgehend auf Umrißlinien verzichtet und versucht, die Wirkung geschmeidig fließender Formen durch parallele Strichführungen zu unterstreichen.
Fachrichtung Malerei/Graphik, 4. Semester

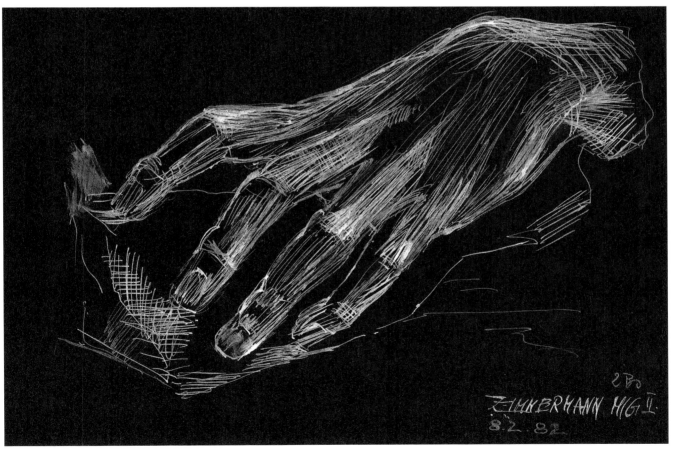

124 Formhöhungen im Dienst der Formdurchbildung

Der Einsatz weißer Zeichenkreide auf schwarzem Grund erlaubt Helligkeitsstufungen, welche die Formbetonungen zugleich verbinden mit Steigerungen oder Zurücknahme räumlicher Sachverhalte.
Fachrichtung Restaurierung, 4. Semester

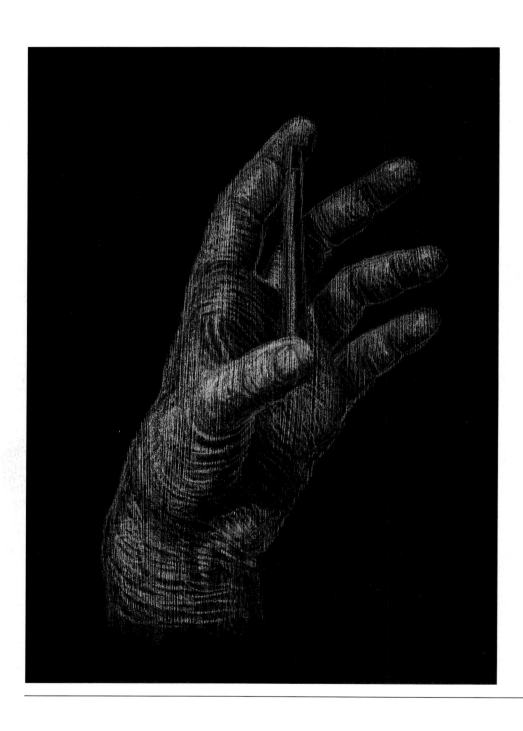

125 Kantige Darstellungsweise

Die kraftvolle Wirkung der Umrißform beruht einerseits auf scharf gebrochenen Konturen, andererseits auf dichten Schraffuren in den Binnenformen, die mit harten Facetten umfaßt werden.

Fachrichtung Malerei/Graphik, 4. Semester

126 Durchgearbeitete Handstudie

In sehr sensiblem Strichwerk mit der spitzen Feder werden mehrere Aspekte realisiert: das Hinten und Vorn, Verkürzungen und Überschneidungen, die Ausgliederung der Fingerformen aus dem Volumen des Handtellers, Knöchernes und Weiches sowie die Raumvertiefungen zwischen den konvexen Volumina.

Fachrichtung Malerei/Graphik, 4. Semester

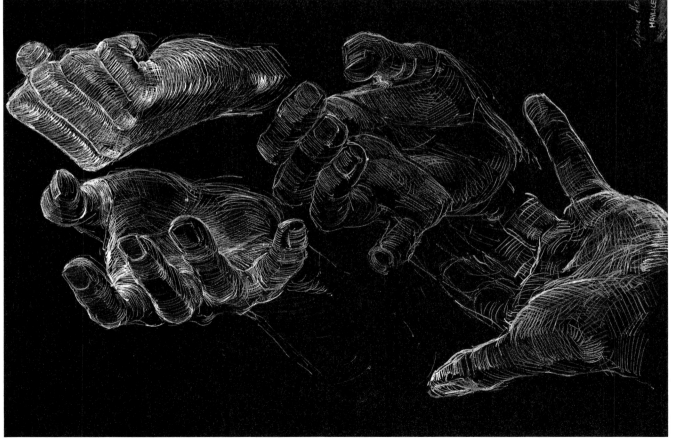

127 Mitsprache der Faltendarstellung bei funktionellen Vorgänger

Das Gegenstellen des Daumens (Opposition) gegen die Fingerspitzen ist stets verbunden mit Hautstauungen zwischen Daumen und Zeigefinger. Dies zeichnerisch zu markieren, bedeutet zugleich eine Akzentuierung des funktionellen Vorganges.
Fachrichtung Theatermalerei, 4. Semester

128 Formgeschlossenheit und -einfachheit

Eine Aufgabe des zeichnerischen Handstudiums kann neben der Formdifferenzierung im Schaffen geschlossener und einfacher Formen bestehen, vor allem, wenn man Grundfunktionen der Hand, hier der Schalen- und Hakenformbildung, nachgeht.
Fachrichtung Bühnenbild, 4. Semester

129 Die Hand als Form des »Selbstporträts«

Die Aufgabe besteht darin, auch in der eigenen Hand jene konstitutionellen Merkmale des Zeichnens aufzuspüren, die sich in seiner Gesamtkonstitution und in der des Kopfes als gemeinsame, durchgängige Formensprache äußern.
Fachrichtung Malerei/Graphik, 4. Semester

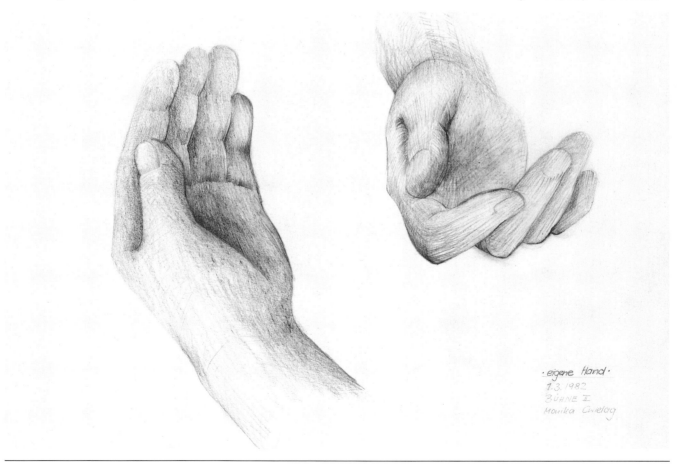

·eigene Hand·
1.3.1982
BÜHNE II
Monika Cwielag

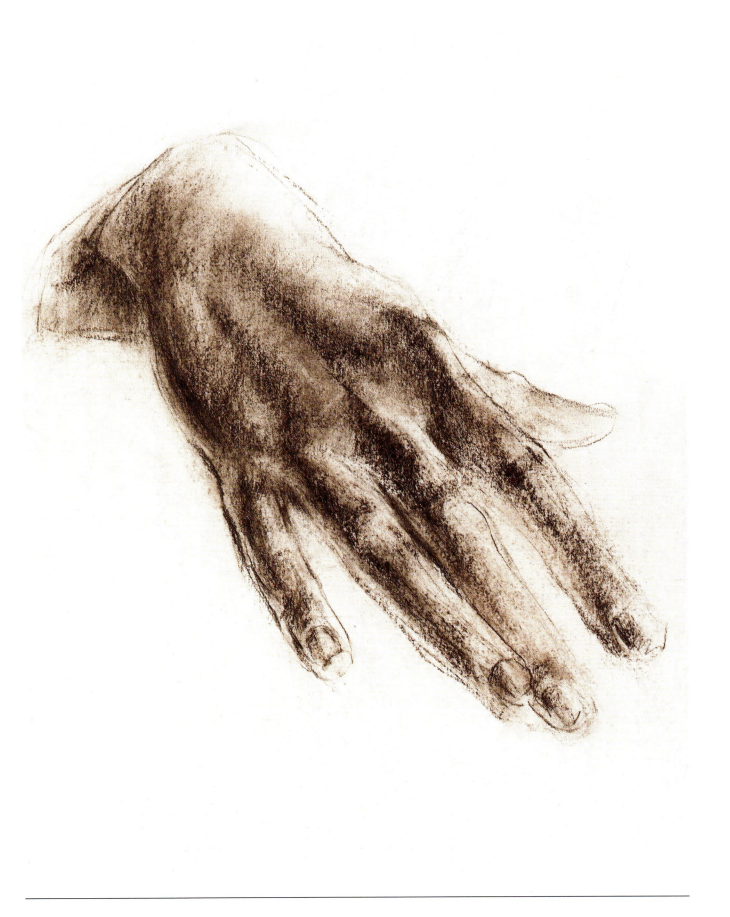

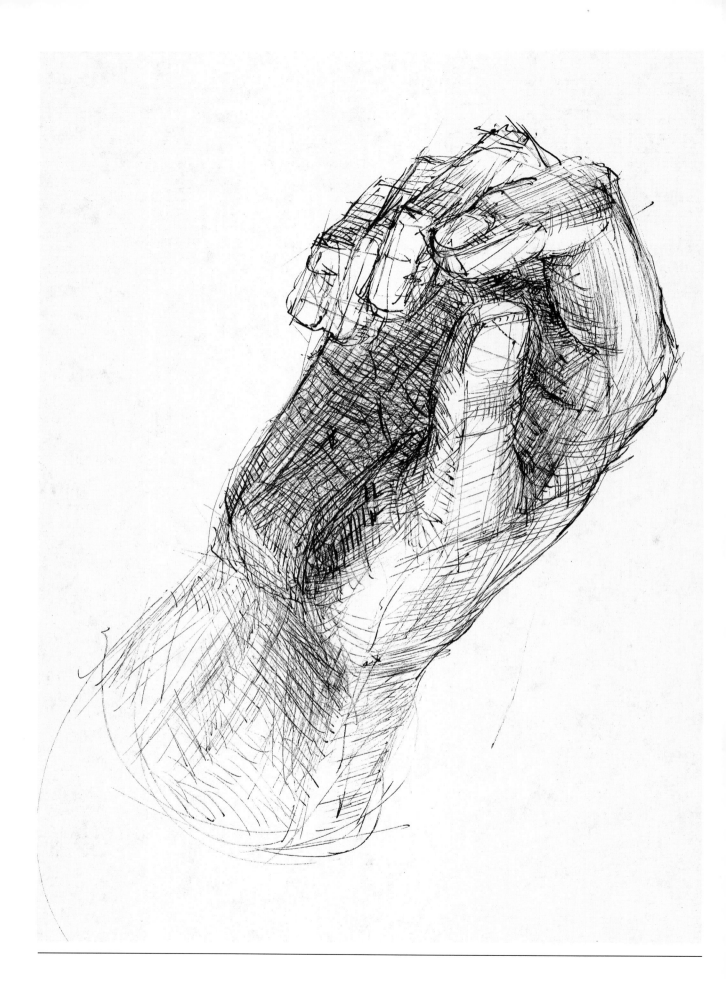

130 Raumbildende Erscheinungen der Hand

Neben den Klärungen der anatomischen und funktionellen Sachverhalte muß man als gleich wichtige Untersuchungskomponente die von der Hand umschlossenen Räume beachten.
Fachrichtung Malerei/Graphik, 4. Semester

131 Das stoffliche Flair in der Handstudie

Im Durcharbeiten der Handstudie können der Eindrucks- und Erlebniswert des Stofflichen Geltung erlangen, mit der sich die Ausdrucksfähigkeit erhöht: Im festen Schließen der Hand springen die Knöchel und Sehnen hervor, über die sich die Haut wie dünnes Pergament spannt.
Fachrichtung Malerei/Graphik, 4. Semester

132 Räumliche und körperhafte Darstellung in gegenseitiger Beeinflussung

Die Aufgabe: Zeichne ausschließlich die räumlichen Gefälle der Finger und der Mittelhand und wäge dabei das Hinten und Vorn sorgfältig durch unterschiedlich dichtes Strichwerk ab. Ergebnis: Aus der Raumuntersuchung entsteht ein körperhaftes Gebilde.
Fachrichtung Malerei/Graphik, 4. Semester

133 Auf der Suche nach der Geste der Hand
Elementare Gebärden der Hand, hier die des Einhaltgebietens, findet man sicherer und leichter auf nahezu imaginativem Wege. Man benutzt ein Medium, das rasch der Einbildungskraft zu folgen vermag. Eine sorgfältige Durcharbeitung kann die Spontaneität der Vorstellung bisweilen mehr behindern als fördern.
Fachrichtung Malerei/Graphik, 4. Semester

134 Rasch hingeworfene Vorstellung von der Geste der Hand
Die Erprobung der attraktivsten, vorstellungsmäßigen Ansicht, in der die Geste wirkt, in Einheit mit spontaner Niederschrift und Zeichen-Setzung, bringt häufig den Symbolwert der Hand zum Ausdruck.
Fachrichtung Malerei/Graphik, 4. Semester

135 Das Nonfinito als Ausdrucksträger der gestischen Handstudie
Absichtlich offen gelassene Stellen, Nichtfertiggemachtes, können wie graphische Spontanzeichen wirken, unter denen die Hand zu einem Ausdrucksinstrument wird.
Fachrichtung Malerei/Graphik, 4. Semester

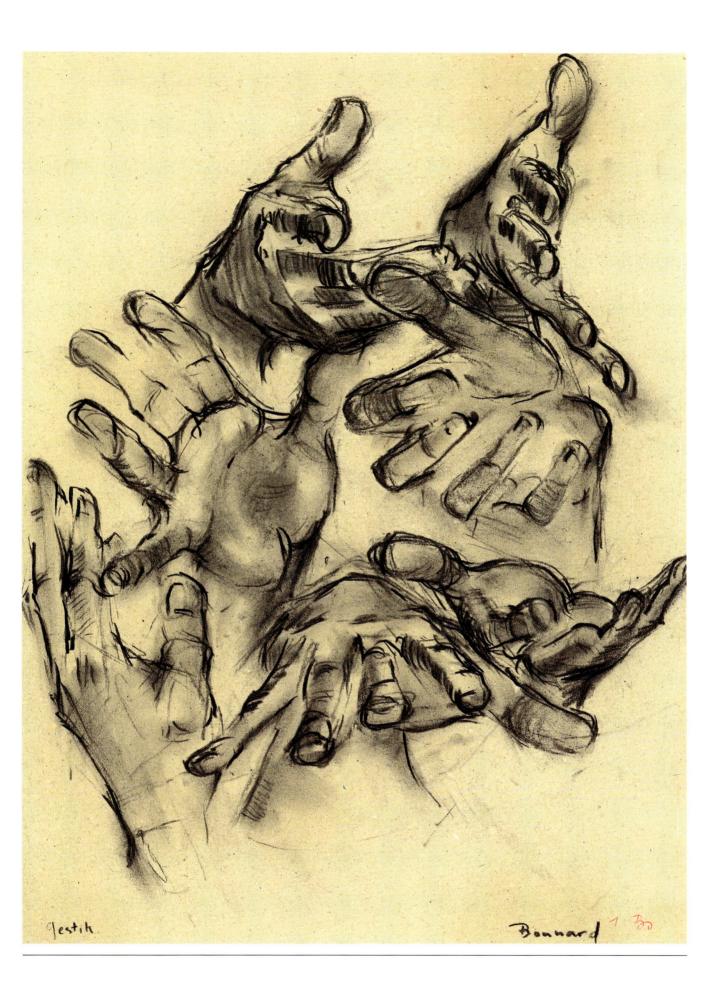

Gestik.

Bonnard

136 Die durchgebaute Hand in der Nachfolge gestischer Handentwürfe

Der freie Umgang im Entwerfen gestischen Ausdrucks, das Finden seiner eindrucksvollsten Sprache, die oft nur fragmentarisch sich äußert, sollte durch Intensivstudien hin und wieder kompensiert werden.

Fachrichtung Malerei/Graphik, 4. Semester

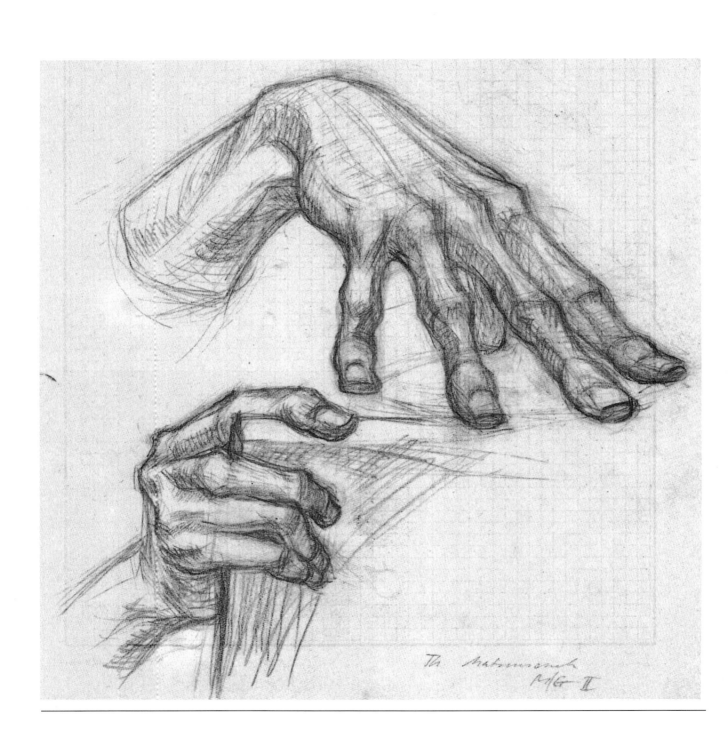

137 Willig folgendes Medium für den zeichnerischen Einfall

Um eine Idee auf der Suche nach der Geste der Hand schnell zu bannen, hier die Vorstellung von der zeigenden Gebärde, muß man den Einsatz der Mittel auf ein Mindestmaß beschränken.
Fachrichtung Malerei/Graphik, 4. Semester

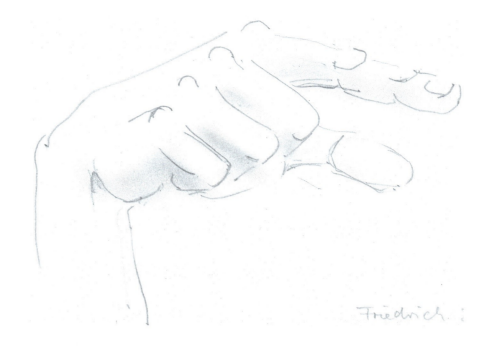

138 Nutzung der Sprachmöglichkeiten der Pinselschrift

Die Problemstellung ist die gleiche wie in Abbildung 137. Hier werden straffe, lange Pinselzüge und halb tupfende Drücker eingesetzt, um aus deren Miteinander die zeigende Hand entstehen zu lassen.
Fachrichtung Malerei/Graphik, 4. Semester

139 Erzählende Hand

Ein mimisch begabtes Modell erzählte allein mit seinen Händen eine ganze Geschichte, aus der diese Studie einen kurzen Augenblick herausgegriffen hat.
Aus einem Bammes-Kurs, Schule für Gestaltung Zürich

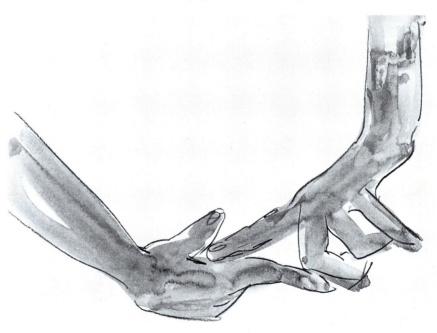

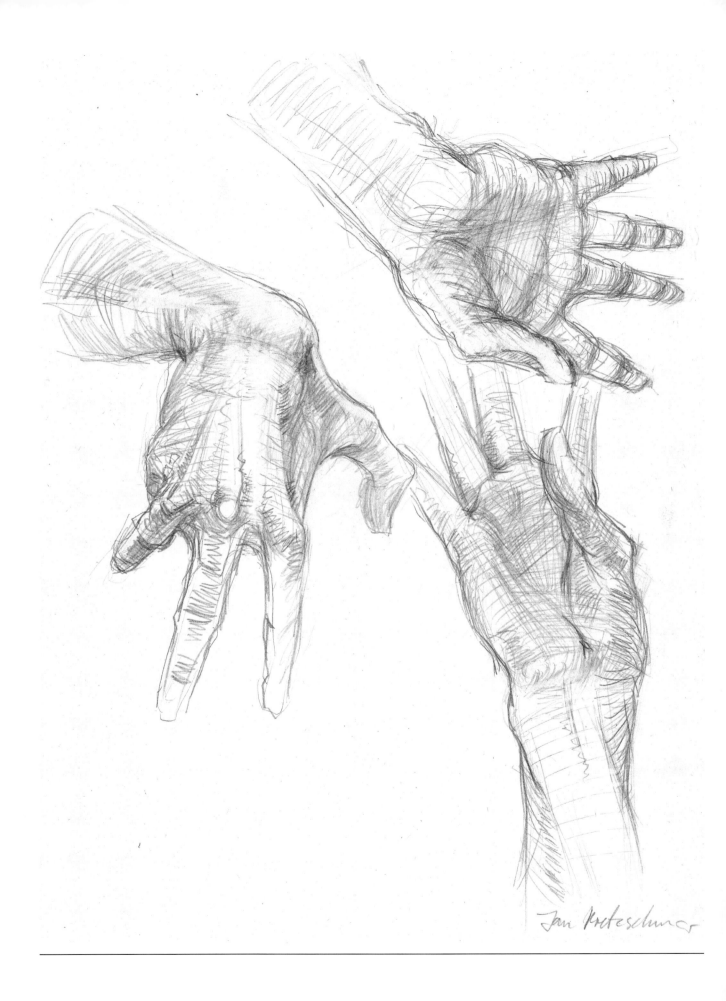

140 Expressiv betonte Handstudie

Der expressive Charakter der Studie geht auf einige wichtige Komponenten zurück: auf die proportionalen Überlängungen, auf die Betonung der skeletalen Punkte und auf funktionelle Übertreibungen der gestischen Vorgänge.
Fachrichtung Malerei/Graphik, 4. Semester

Seite 98/99

142 Exaltation im Geschehen der Gelenke

Die Erregung in den Handgebärden wird spürbar gemacht in überspannten Biegungen und Verdrehungen der Gelenke sowie in überzogenen Längen der Fingerglieder.
Fachrichtung Malerei/Graphik, 4. Semester

143 Betonung der Geschlossenheit der Massen

Richtet man seine Konzentration auf das Zusammenschließen von Einzelnem zu konfigurierter Masse, bedarf es nicht der detaillierten Durchformung. Die Kraft des Ausdrucks ergibt sich aus dem Kontrast breiter, offener Schwärzen zu zart-linearen Andeutungen.
Fachrichtung Malerei/Graphik, 4. Semester

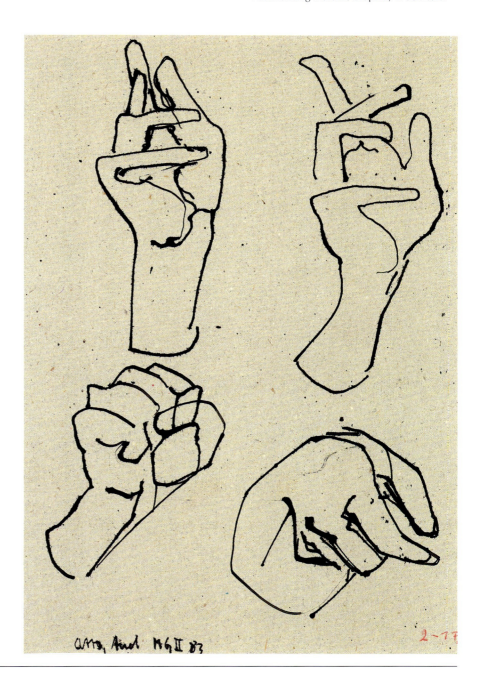

141 Linear ausgespielte Expression der Hand

Im Unterschied zur Abbildung 140, wo der expressive Gehalt der Studie weitgehend vom anatomischen Durchbauen getragen wird, beschränkt sich diese Studie auf die knappeste Linearität, mit der der gestische Ausdruck hingeschrieben wird.
Fachrichtung Malerei/Graphik, 4. Semester

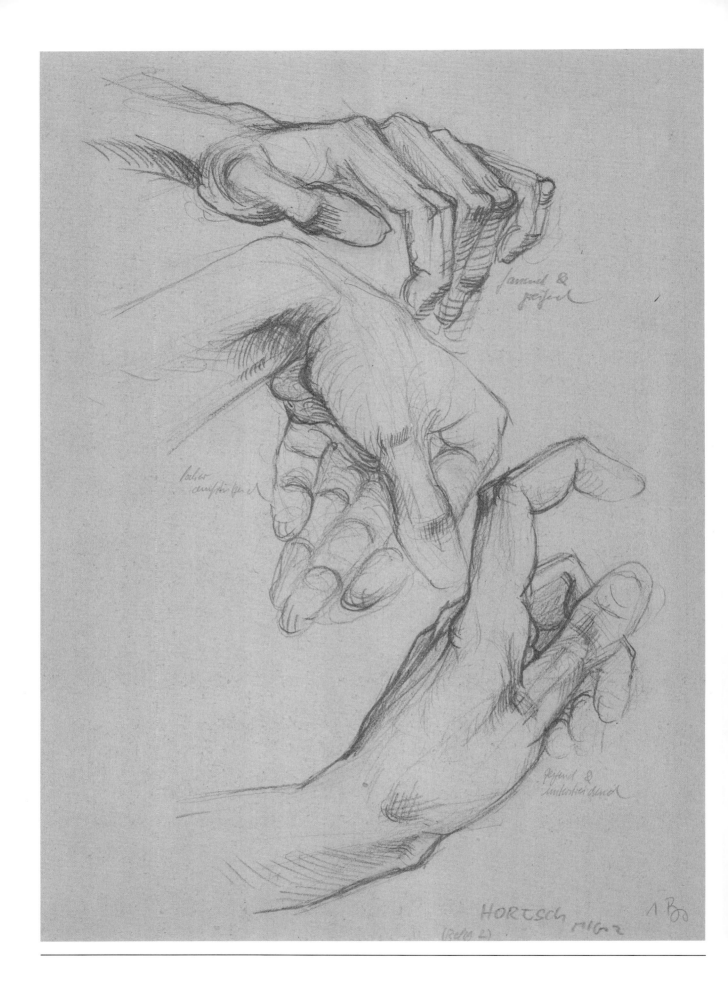

144 Die gebaute, abstrahierte Armform

Im Vordergrund des Bemühens steht die Sicherung des Zusammenhanges von Grundrichtungen und -formen, denen die klar abgesetzten Volumna der Muskulatur aufgelagert sind. Dabei werden die unterschiedlichen Ausdehnungsrichtungen der Volumina an Ober- und Unterarm sowie ihr Ineinandergreifen herausgearbeitet.
Fachrichtung Malerei/Graphik, 4. Semester

145 Arm- und Handgeste in ihrer Einheit

In eben dem Maße, wie der Arm sich extrem verwringt, wendet oder beugt, werden auch im Öffnen, Spreizen oder Aufsetzen der Hand ähnliche Überhöhungen angestrebt.
Fachrichtung Malerei/Graphik, 4. Semester

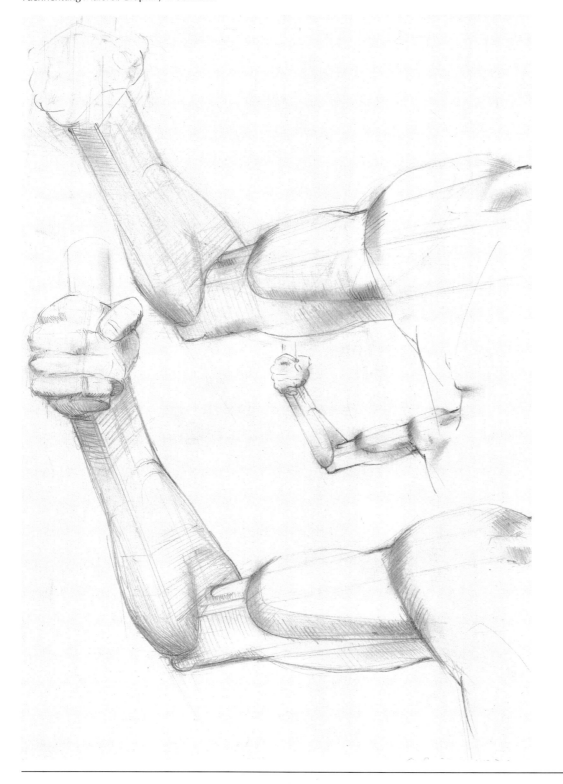

Hörtsch. G.
1962

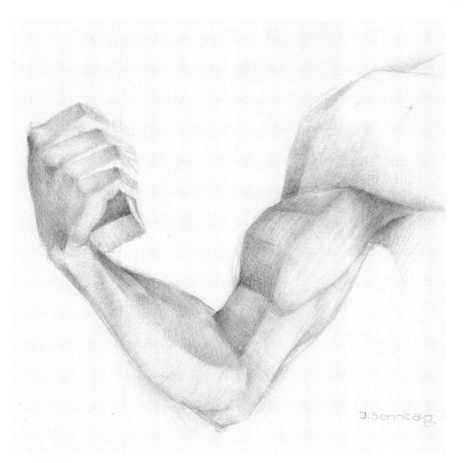

146 Die Beziehungen der räumlichen Flächengefälle zueinander

Die betonten Facettierungen vom Oberarm bis in die Fingerglieder ziehen die schraffierenden Markierungen des räumlichen Verlaufes der den Körper umgrenzenden Flächen nach sich, sie geben die Vielseitigkeit (wörtlich!) an, mit der sich der Arm im Raum entwickelt.
Fachrichtung Malerei/Graphik, 4. Semester

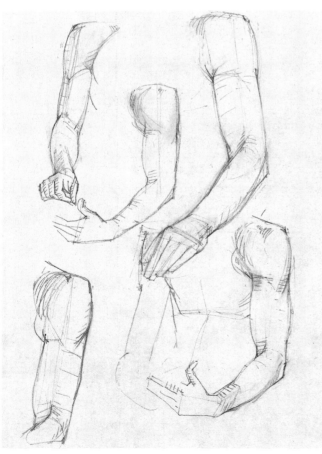

147 Einfache Untersuchungen über die Fortgliederungen der Einzelabschnitte zum Ganzen

Mit der Angabe, wie die abschnittweisen Richtungsveränderungen sich bis in die Gelenke fortsetzen, wird auch die Lage des ganzen Armes und seiner Glieder im Raum angezeigt.
Fachrichtung Malerei/Graphik, 4. Semester

148 Die Plastik von Arm und Hand unter funktionellen Wirkungen

Mit dem Stützen oder Einstemmen, also bei spezifischen Aufgaben, stehen die Muskeln in besonderen Beziehungen zum Skelett, was sich in einem architektonischen Formverständnis äußert, das von gedachten Querschnittverläufen unterstützt wird.
Fachrichtung Plastik, 4. Semester

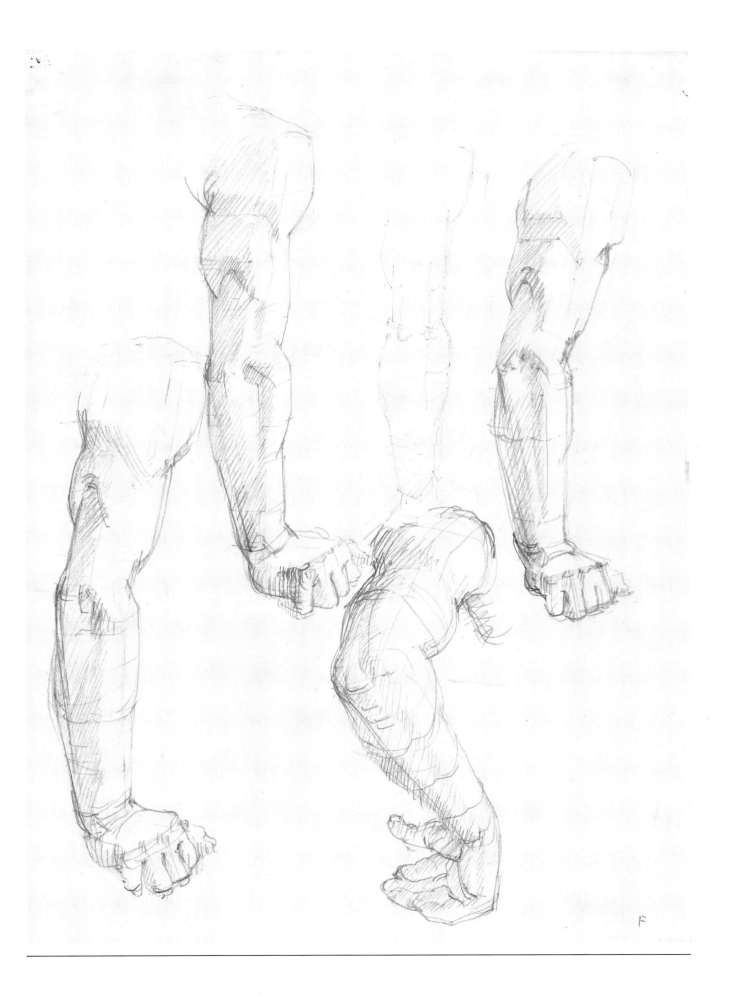

F

**150 Gesichertes Formverständnis –
Grundlage freien Vortrages**
Die Lockerheit, mit der stoffliche und
strukturelle Vielfalt studiert werden, kann
nur auf dem Boden gediegenen Verstehens
gedeihen.
Fachrichtung Malerei/Graphik, 4. Semester

**149 Mitsprache eines Elementar-Form-
verständnisses**
An der Behandlung der Armvolumina wird
ersichtlich, daß im Zeichner elementare
Vorstellungen wie etwa von der Vierkant-
form des Oberarmes oder der konischen
Walze des Unterarmes rege sind.
Fachrichtung Malerei/Graphik, 4. Semester

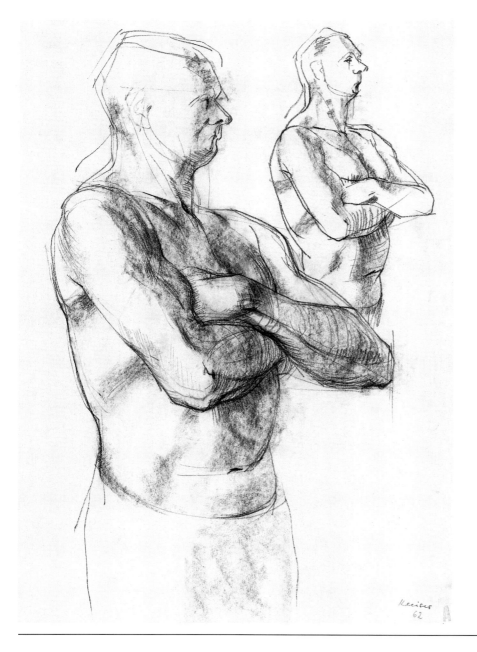

Seite 106
**151 Armstudie in Verbindung mit dem
Rumpfstudium**
Die Aktionen des Armes werden letztlich
abgeleitet aus seiner Verbindung zum
Rumpf. Weißhöhungen auf farbigem Grund
verstärken die plastischen Wirkungen.
Fachrichtung Restaurierung, 4. Semester

Zwickel

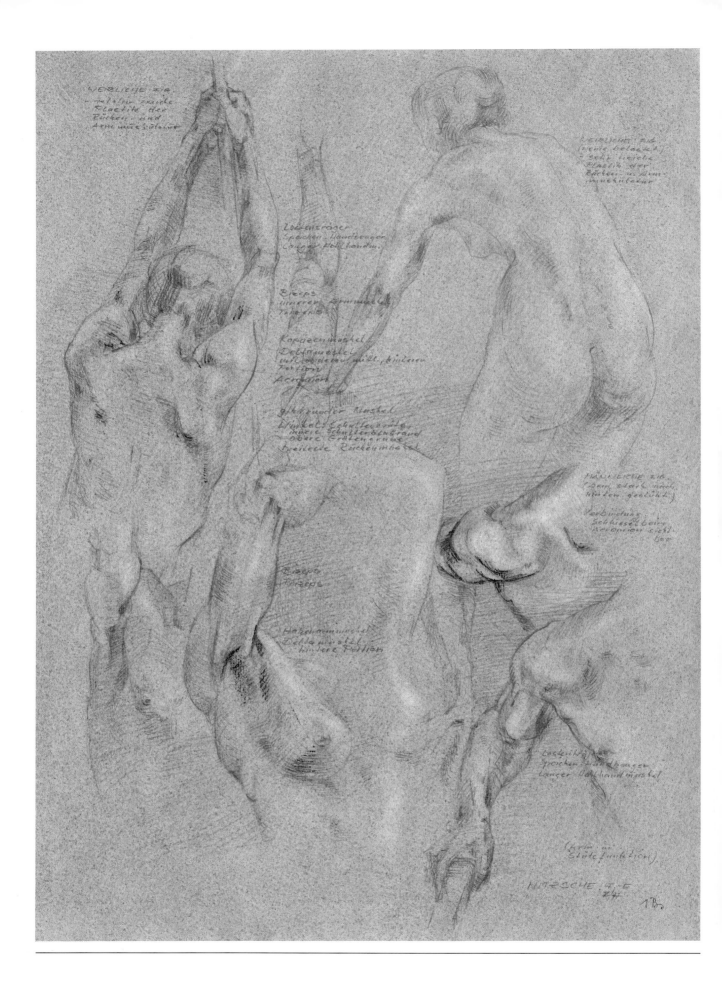

8. Arme und Hände

9.

Studien zur Figur als Ganzes

Alle bisherigen Erörterungen und Aufgaben in den vorherigen Kapiteln sind als notwendige Vorleistungen für die Figur als Ganzes zu sehen. Man muß sich von der Vorstellung freimachen, als ginge es nun einfach um das Zusammenfügen der einzeln behandelten Körperabschnitte. Im Einem schaffen und begründete Zusammenhänge sehen, hin bis zu freien Inventionen (Abb. 194) ist Ziel der Künstleranatomie. Unsere Studien bedürfen nun der zeichnerischen Verdeutlichung von funktionellen und plastischen Ereignissen, die die ganze Gestalt in einigen ihrer Grundsituationen durchgreifend beherrschen. Er geht

● um die *stehenden Ruhehaltungen* in ihren einfachen und bewegten Formen (Abb. 152–174), um die Problematik der Körperhaftigkeit in Grund- und räumlichen Ansichten des Modells, von der streng gebauten bis zur offen gehaltenen, mehr andeutenden Studie,

● um die *Sitzhaltungen* in ihren Grundformen und deren vielfältige Abwandlungen (Abb. 175, 176, 179–186) mit ihren wichtigsten funktionell plastischen Folgen, auch wieder mit Schritten von der zeichnerischen Anlage (Abb. 176, 179) über das architektonische Verständnis (Abb. 180, 181) bis zum freien Vortrag (Abb. 182–184),

● um Annäherungen an *bildhafte Aufgaben bei zwei Figuren* (Abb. 9, 15, 174, 177, 178, 185),

● um *liegende Stellungen* mit ihrem weiten Modifikationsspielraum und ihren notwendigen funktionell-plastischen Kennzeichnungen (Abb. 187–191, 193, 195, 196),

● um Andeutungen zu vorstellungsgebundenen, freien figürlichen Inventionen (Abb. 194).

In der einfachen Standhaltung mit Verteilung des Körpergewichtes auf beide Füße ergeben sich – bei frontaler und rückenseitiger Grundansicht (Abb. 152, 156) – für den Zeichner die Schwierigkeiten, die plastischen Kerne in ihrer Vorwärts-Rückwärtsbewegung überzeugend herauszuarbeiten, weil hier die Schwingungen der Wirbelsäule nicht unmittelbar die Stellung von Becken, Lende und Brustkorb signalisieren können. Hier kann man sich nur durch Umgreifen der Becken- und Brustkorbmasse (Abb. 156) helfen. Ein Vielerlei von Binnenformen (Abb. 152) kann die Situation nicht retten, das Ganze zerbröckelt. Daher die Empfehlung, halbseitliche Ansichten zu wählen, die das Auffinden charakteristischer körperhaft-räumlicher Merkmale erleichtern (Abb. 153–159, 166).

Ein Vertikalerheben der Arme beschert bereits in der unbewegten Standhaltung die baulich klare Absetzung von Becken und Brustkorb (Abb. 153). Das Verhalten und die Formbegegnung der Volumina erschließt und organisiert man mit Angaben über Querschnittverläufe (Abb. 156, 159, 166). Aktionen wie Körper-

verdrehungen im Stand (Abb. 169, 172) sind nur zu meistern, wenn man den spiraligen Verlauf der Mittelachse verfolgt und Oberkörper und Becken jeweils in unterschiedlichen räumlichen Stellungen zeigt. Die Gewöhnung an das Mitdenken von Querschnitten wirkt sich nicht zuletzt bei offen gehaltenen Körperstrukturen aus (Abb. 161, 172). In der kontrapostisch bewegten Standhaltung muß man das funktionelle und strukturelle Wechselspiel, tragende und getragene Kräfte verdeutlichen (Abb. 165, 167, 168, 174).

Auch die Anlage einer Sitzhaltung geht von dem Verlauf der Körpermittelachse aus und bemüht sich vorerst um die Verdeutlichung elementarisierter körperhafter Grundformen, um mit ihrer Hilfe die auftretenden Verkürzungen zu meistern (Abb. 176). Hintere oder vordere Sitzlagen (Abb. 175, 180) erfordern Beobachtungen zur Dehnung oder Stauung der Bauchdecke sowie Aufmerksamkeit auf das Verhalten des Schultergürtels bei rückgelehnter Stützhaltung der Arme. Einem Durchbauen der Figur auch im Sitzen (Abb. 181) sollte sich immer wieder die Bemühung um den Erwerb eines aufgelockerten, freien Vortrags anschließen (Abb. 182–185). Es ist erstaunlich, mit wie wenigen Angaben das Betrachterauge auskommt, um die Andeutungen zu einem Ganzen zu schließen.

Dienen zwei Modelle zugleich als nebeneinandergestellte Studiengegenstände, so sollte man sich zumindest einer Anzahl verfügbarer Überschneidungen versichern, um nicht beide Figuren isoliert auseinanderfallen zu lassen (wichtig für bildnerische Aufgaben, Abb. 9, 16, 177, 178, 185).

Reizvoll sind Studien mit Übergangsformen zwischen Sitzen und Liegen, wo unterschiedliche Körperpartien stützende Funktionen (z.B. Arm, Ellenbogen und/oder Gesäß) übernehmen. Hier muß immer nach den Folgen im Rumpfbereich bei ungleichseitigen Belastungen gefragt werden (Abb. 186–188): Was erleidet der Schultergürtel bei aufgestütztem Arm oder Ellenbogen, welche Dehnungen erleidet der Rumpf auf der gestützten Seite, wie wirkt sich das Zusammensinken der nichtgestützten Seite auf die Weichformen aus?

Das einfache Liegen mit gleichmäßig aufruhendem Rücken und Gesäß bietet außer dem Einsinken der Bauchdecke nur schwachen funktionellen Ausdruck an (Abb. 190). Hingegen entstehen überraschende Formkonstellationen bei Verdrehungen von Becken und Brustkorb (Seitlage des Beckens, Rückenlage des Brustkorbs, Abb. 189, 191, 193). Es kommt zu steil gestellten Formen im Becken – und flach liegenden im Oberkörperbereich. Die funktionell-plastischen Ereignisse spielen sich dann im mittleren Rumpfbereich ab. Hier bilden sich Verwringungen in der Bauchdecke, die man nur ausdrucksvoll erfassen kann, wenn man sich absolute Klarheit über die räumliche Situation der elementar vorgestellten plastischen Kerne verschafft hat. Dann wird das Verhalten der Weichformen von Bauch oder Gesäß zur unmißverstädlichen Folgeerscheinung. Das betrifft beim weiblichen Aktmodell auch das Verhalten der Brüste, die bei Rückenlage unter ihrem eigenen Gewicht zusammensinken, bei hinter dem Kopf verschränkten Armen diesen folgen müssen (Abb. 193) oder bei bäuchlings verdrehtem, gestütztem Oberkörper die Form des Herabhängens annehmen (Abb. 191).

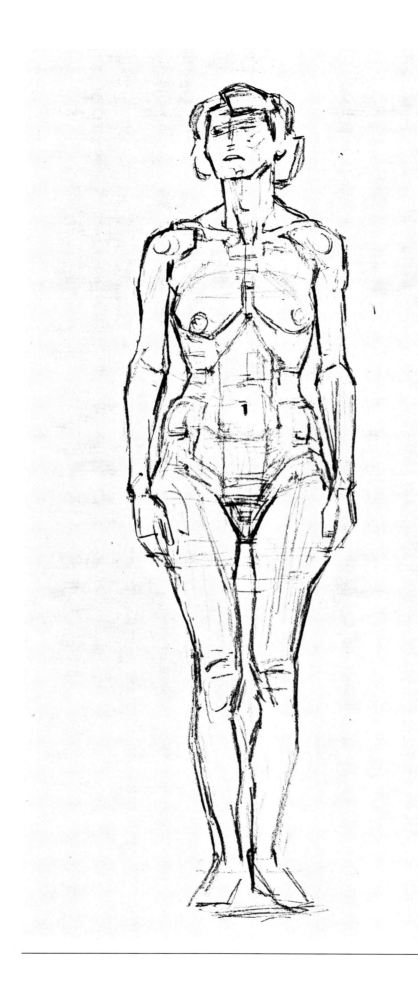

**152 Die Problematik des Ansichts-
verhältnisses für die körperhaft-räumliche
Darstellung**

In einer der reinen Grundansichten der
ganzen Figur schwächt sich für den Lernenden die Erkennbarkeit des rhythmischen
Verlaufs der Körpermittelachse und damit
der verschiedenen Körpermassen ab. Die
Formcharakteristika z. B. der gegenseitigen
Abknickungen von Ober- und Unterkörper
können sich hier nur schwerlich zeigen,
auch zahlreiche eingebrachte Binnenformen
können daran nichts entscheidend bessern.
Aus einem Bammes-Kurs, Schule für
Gestaltung Zürich

**153 Zeichnerische Erleichterungen durch
Modellaktionen und günstigere Ansichts-
verhältnisse**

Die Suche nach dem Ausdruck für das
Verhalten des Körpers im Stand wird hier
unterstützt durch die Wahl einer leicht in die
Schräge versetzten Frontalität und durch die
aus der Erhebung des Oberkörpers resultie-
rende Betonung von Brust- und Becken-
volumen. Als Aktivum des Zeichners
kommen die deutlich umgriffenen
Gruppierungen der Volumina hinzu.
Fachrichtung Malerei/Graphik, 4. Semester

Mosler BÜ II

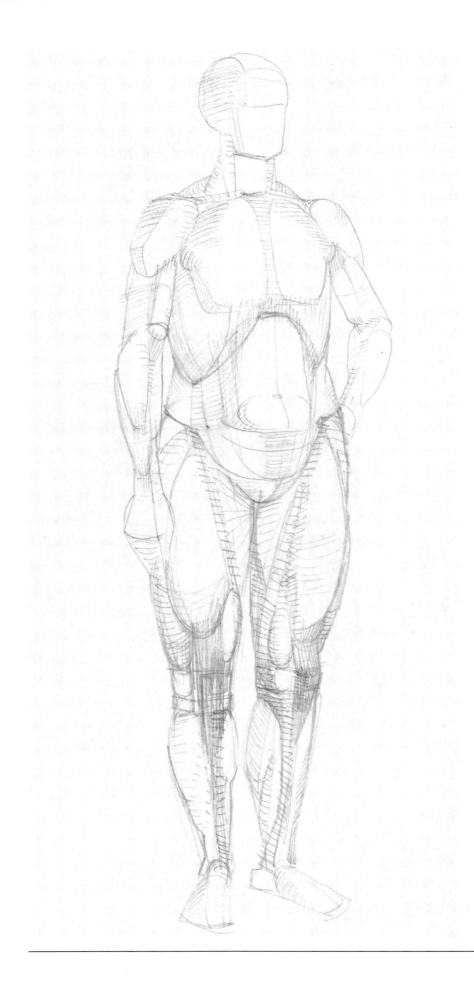

154 Bauend organisiertes Zeichnen bei einer Quasi-Frontalität
Der Zeichner bemüht sich hier um die Reaktivierung seiner Vorstellungen von den Beschaffenheiten der Baukörper, vor allem im Brustkorb-, Becken- und Kniebereich. Unter dem Eindruck einer beinahe reinen Frontalität läßt er keine Gelegenheit aus, um die Figur mit Vorderfront- und einem Minimum an Seitenansichten auszustatten. Er tut das in kräftigen Vergröberungen. Fachrichtung Theatermalerei, 4. Semester

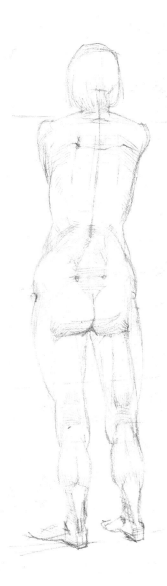

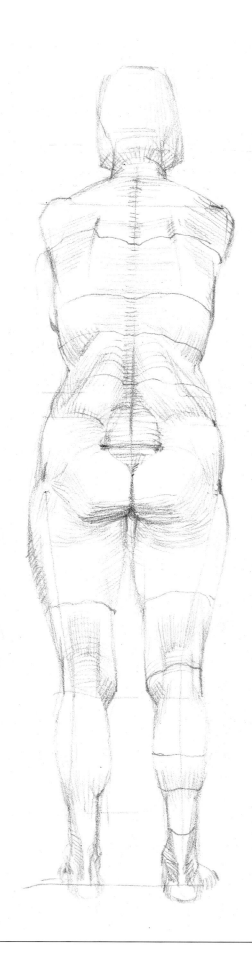

155 Lösungsversuch bei einer Quasi-Rückansicht
Als wichtigste Entscheidung des Zeichners ist sein Bemühen anzusehen, das räumliche Gefälle der Körperachsen um den Verlauf der räumlichen Formbewegung der Wirbelsäule festzulegen.
Fachrichtung Malerei/Graphik, 4. Semester

156 Notwendige Realisierungskomponenten der reinen Rückansicht bei einfacher Standhaltung
Das schwierige zeichnerische Erfassen in Anbetracht der wenig gegliederten Rückansicht konzentriert sich auf die räumliche Tiefe der Wirbelsäule im Lenden- und Halsbereich, auf das Absetzen der Brustkorbkonvexität gegen die Überschneidung durch die Lendenregion.
Fachrichtung Malerei/Graphik, 4. Semester

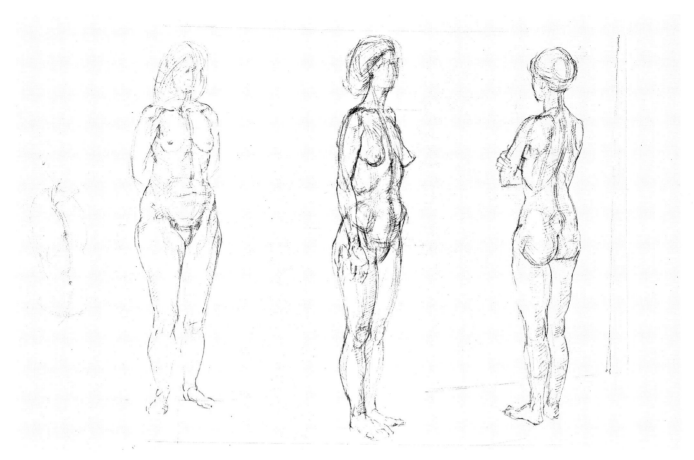

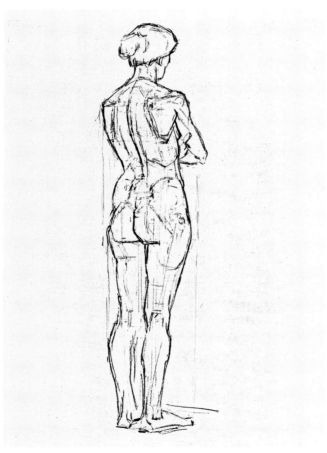

**157   Erweiterte Erfaßbarkeit der Form-
merkmale in »Übereck«- Ansichten**
Die »Übereck«-Ansicht erweitert das
Angebot an Formmerkmalen und führt zu
deren verstärkter Eindeutigkeit, sehr zum
Nutzen des Zeichners.
Aus einem Bammes-Kurs, Schule für
Gestaltung Zürich

**158   Das Erreichen wesentlicher Züge der
Gestalt**
Der gleiche Zeichner der Abbildung 152
findet hier mit der halben Rückansicht und
der eindeutigen Bestimmung seines
Ansichtsverhältnisses entscheidende Züge
von den Beziehungen der hauptsächlichen
Körperformen zueinander, mit Kennzeich-
nung der Formbewegung der Wirbelsäule
auch die psychische Komponente der
Gesamthaltung.
Aus einem Bammes-Kurs, Schule für
Gestaltung Zürich

**159   Potenzierung von Haltung und
Körperhaftigkeit**
Mit der Bewältigung von eindeutig machen-
den Ansichtsverhältnissen (Abb. 157, 158)
und vom Gesamthaltungsausdruck werden
weitere Differenzierungen zur Beschaffenheit der Einzelvolumina und deren Begeg-
nungen freigesetzt.
Fachrichtung Plastik, 4. Semester

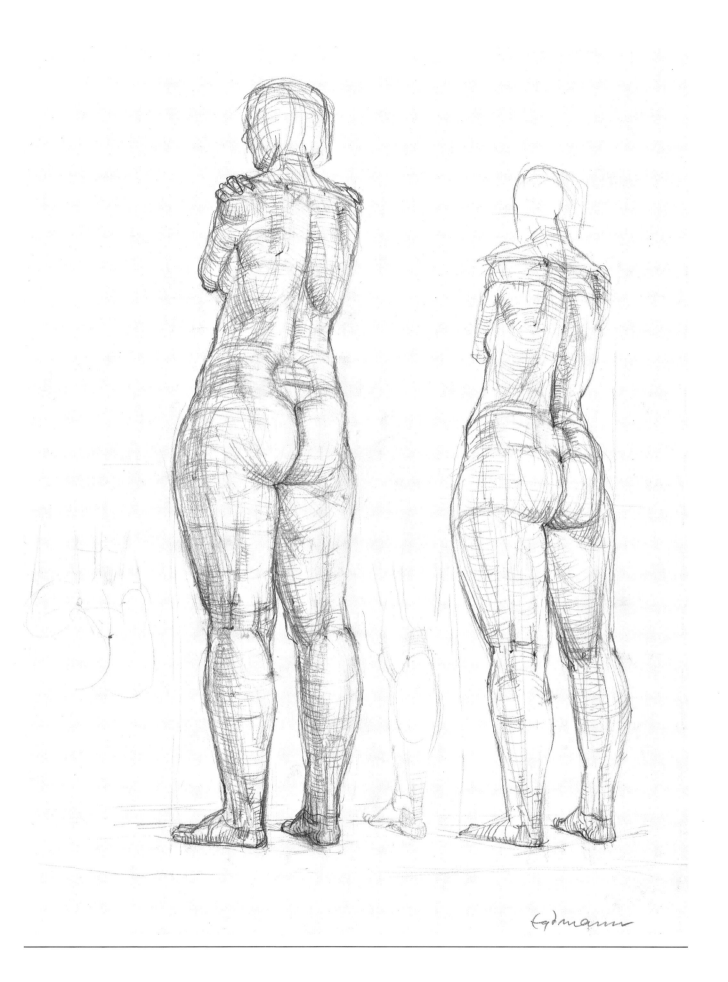

**160 Teil einer fachspezifischen Prüfungs-
aufgabe für Restauratoren**

Für Restauratoren liegt nahe, sie auf die
Ergänzungsfähigkeit von »Fehlstellen« bei
Kunstwerken vorzubereiten, indem sie die
Zeichnung eines Meisters (hier Schnorr von
Cardsfeld) kopieren und dazu Muskel- und
Skelettanalysen anfertigen, um ihre anatomi-
schen Fertigkeiten zu reaktivieren.
Fachrichtung Restaurierung,
Ende 4. Semester

**161 Fachspezifische Prüfungsaufgabe für
Maler/Graphiker**

Der Wert der Aufgabe besteht im Nachweis,
die kunstanatomischen Fähigkeiten und
Fertigkeiten in einem freien und offenen, mit
knappen Mitteln vorgetragenen Realisie-
rungsprozeß aufzuheben.
Fachrichtung Malerei/Graphik,
Ende 4. Semester

**162 Teilvorstellungsleistung in einer
Prüfungsaufgabe**

Die kurzfristig gezeigte Modellpose ist als
Analyse der konstruktiven Skelettformen,
der Hauptfunktionsgruppen der Muskulatur
und als körperarchitektonische Darstellung
zu meistern. Alles Gelernte hat hier sich zu
bewähren.
Fachrichtung Bühnenbild, Ende 4. Semester

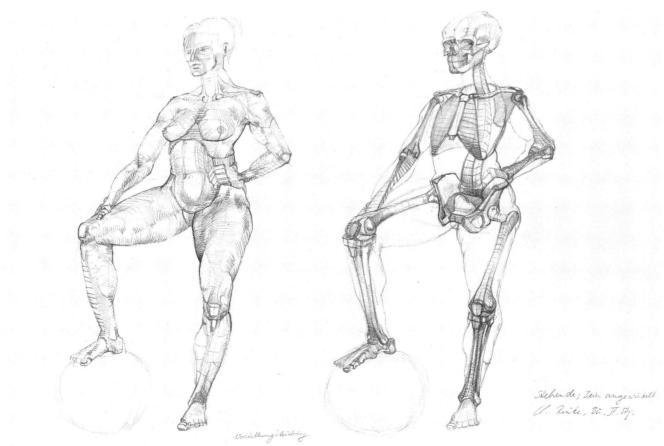

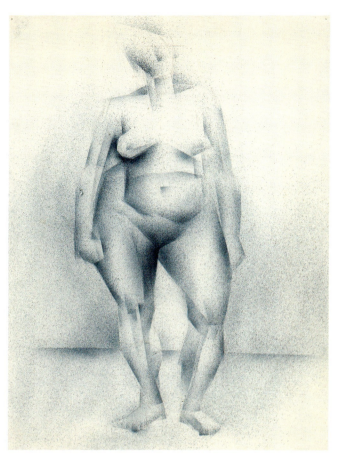

163 Ausdrucksvariante für die Massigkeit des Volumens
In Spritztechnik wird der Versuch gemacht, in verschiedenen Folgen von abgedeckten und freigelegten Formen die große Kurve der belasteten Hüfte, mächtige und schmächtige Körpermassen auszudrücken.
Fachrichtung Theatermalerei, 4. Semester

164 Halb körperhafte, halb flächige Suche nach dem Bewegungsablauf
Um sich Rechenschaft über die Durchgängigkeit einer Gesamtformbewegung zu geben, genügt es bisweilen, deren Ablauf mit einem Medium zu erfassen, das nicht zum Sammeln von Details verführt.
Aus dem Intensiv-Kurs Salzburg 1988

165 Funktionsabläufe im Kontrapost
Der Wechsel von Belastung und Entlastung, Dehnung und Stauung ist hier das beherrschende Motiv, bei sorgsamer Einbringung der sich bietenden Ansichtsflächen.
Fachrichtung Malerei/Graphik, 4. Semester

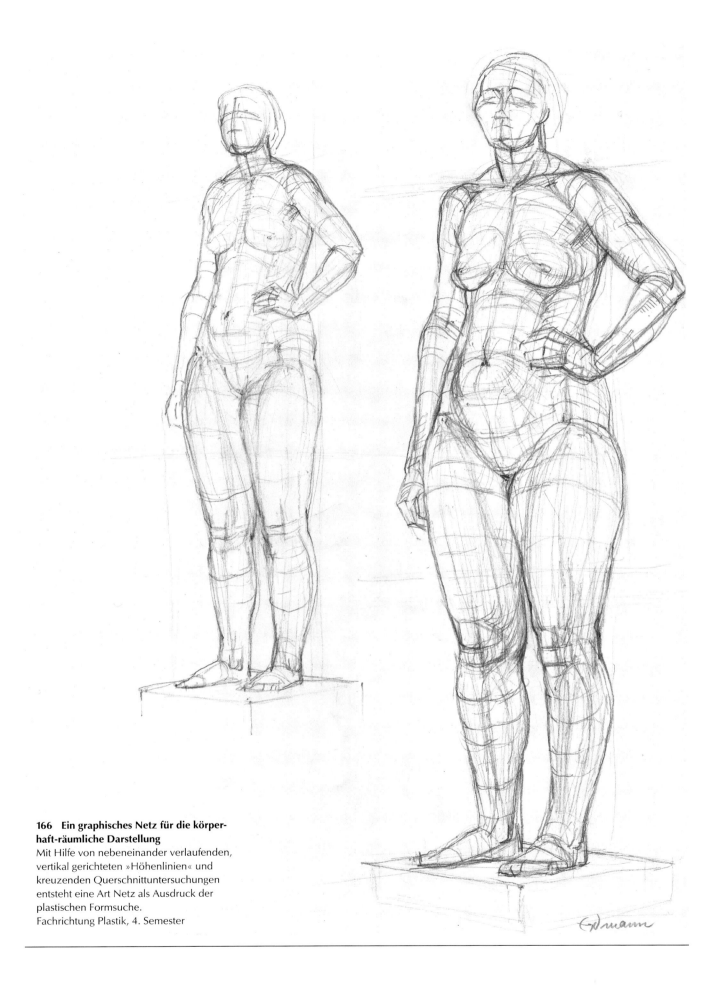

**166 Ein graphisches Netz für die körper-
haft-räumliche Darstellung**
Mit Hilfe von nebeneinander verlaufenden,
vertikal gerichteten »Höhenlinien« und
kreuzenden Querschnittuntersuchungen
entsteht eine Art Netz als Ausdruck der
plastischen Formsuche.
Fachrichtung Plastik, 4. Semester

167 Stofflich-malerischer Einsatz der Mittel

In extrem entgegengesetzter Weise zum bauenden Zeichnen der Abbildung 166 arbeitet der Zeichner das Eindruckserlebnis von Weichheit und Rundung der Körperoberfläche mit einer Skala vibrierender Tonstufen heraus.
Fachrichtung Malerei/Graphik, 4. Semester

168 Untersuchung der kontrapostisch plastischen Ereignisse

Gegenüber den Abbildungen 166 und 167 bemüht sich der Zeichner um die Markierung der Hauptflächengefälle und der Tiefenentwicklung des Körpers durch unterschiedlich dichte Schaffuren, besonders in der Lendenregion, wo er räumliche Tiefe gegen die Wölbung von Rücken und Gesäß absetzt und die zusammengeschobenen Massen auf der Standbeinseite einander annähert.
Fachrichtung Malerei/Graphik, 4. Semester

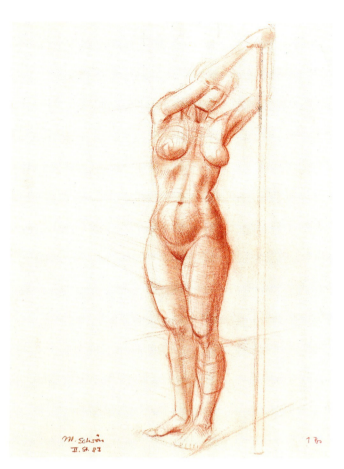

169 **Kontrastierende Körperansichten bei Verdrehungen des Rumpfes im Stand**
Die Frontalansicht des Brustkorbes und die Halbseitenansicht des Beckens rufen in der Bauchlinie eine spiralige Verwringung hervor. Schließlich führt der Zeichner die Oberarme, im Kontrast zur Beinhaltung, bis in eine Verdrehung um 90 Grad.
Fachrichtung Plastik, 4. Semester

170 **Teilvorstellungsleistungen zu Analysen von Bewegungsausdruck**
Die beiden Figuren sind Bestandteile einer dreigeteilten Prüfungsaufgabe, die als Analysen von Skelett, Muskulatur und lebender Erscheinung, hier einer kurzfristigen Ballwurfhaltung, anzufertigen sind, mit dem Ziel, in voller Entschiedenheit den Bewegungsausdruck zu treffen.
Fachrichtung Malerei/Graphik,
Ende 4. Semester

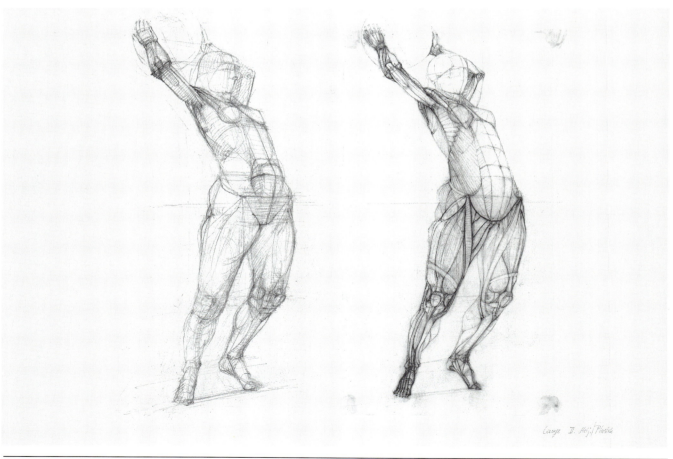

**171 Treffsicherheit des Bewegungs-
ausdrucks bei skizzierendem Vortrag**
Wie rasch eine Bewegungsstudie auch
angelegt werden mag, hier die wesentlichen
Vorgänge von Rumpfdrehung, -beugung
und Stützvorgängen im Verein mit räumlichen Sachverhalten, muß diese sicher
erfaßt werden.
Fachrichtung Plastik, 4. Semester

**172 Beschränkung und Lockerung des
Vortrages**
Die Untersuchung konzentriert sich im
wesentlichen nur auf die Richtungen der
Körperansichtsflächen durch Einsatz von
analogen Schraffuren und unbearbeiteten
Stellen. Zielbeschränkung und Lockerheit
schließen einander nicht aus.
Fachrichtung Malerei/Graphik, 4. Semester

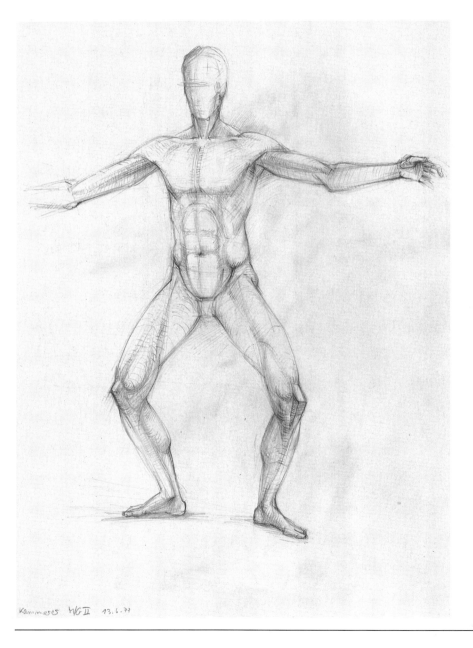

Kammeses WG II 13.6.77

173 Durcharbeitung funktioneller Vorgänge
Noch bevor die zeichnerische Untersuchung vor der kurzfristigen tänzerischen Pose begonnen werden durfte, mußte der Zeichner alle erwartbaren funktionellen und plastischen Vorgänge verbal voraussagen, um dann erst seine funktionellen Überlegungen durch das Modell bestätigt zu sehen.
Fachrichtung Malerei/Graphik, 4. Semester

174 Vorstellungsgebundene Studienaufgabe mit zwei Figuren
Der Figurenentwurf beruht auf den Grundsätzen plastisch-architektonischen Körperverständnisses. Die Wahl der hierfür einsetzbaren Vortragsmittel liegt im freien Ermessen des Zeichners.
Fachrichtung Plastik, 4. Semester

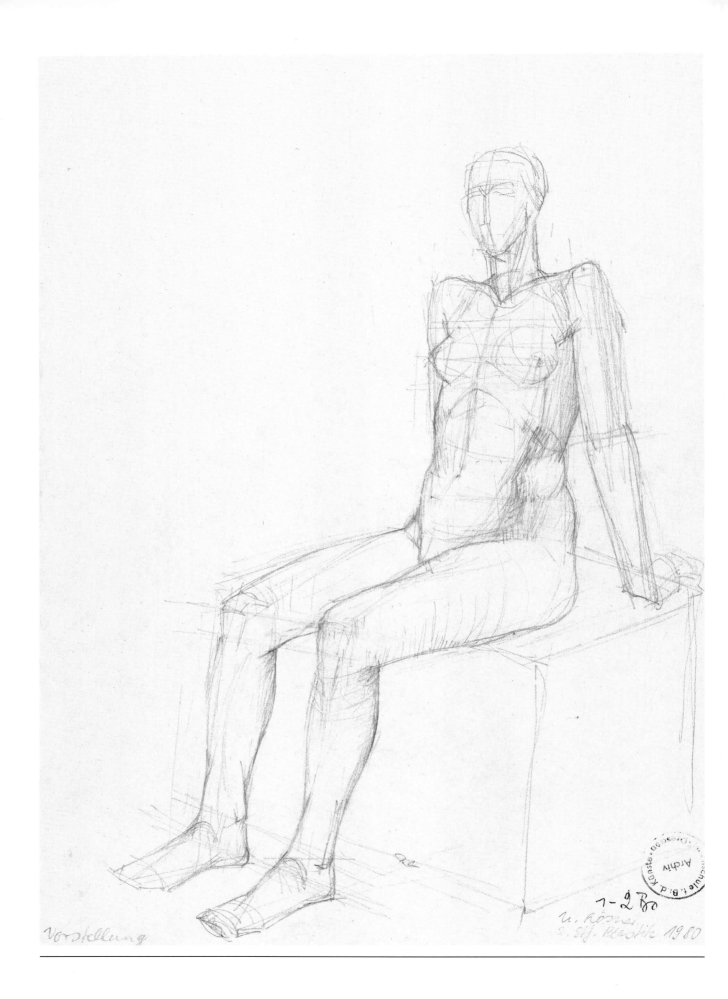

Vorstellung

175 Die Mitwirkung des räumlichen Bezugssystems bei einer einfachen Sitzhaltung

Mit der bewußt eingesetzten Verlaufsrichtung der Körpermittelachse werden zugleich funktionelle wie räumliche Sachverhalte, mit den Körperquerachsen die räumlichen Beziehungen von einer Körperseite zur anderen diesseits und jenseits der Mittelachse festgelegt.
Fachrichtung Plastik, 4. Semester

176 Anlage einer bewegten Sitzhaltung in Verbindung mit elementarisierten Bauformen

Um dem Zurückweichen des Oberkörpers in den Raum und dem Vorführen der Beine gültigen Ausdruck zu verleihen, sind Projektionen von Grundkörpern (Kubus, Kugel, Halbkugel, Walze) in ihrer Stellung und Lage im Raum oft unerläßlich.
Fachrichtung Plastik, 4. Semester

Ute Pollack
Plastik II

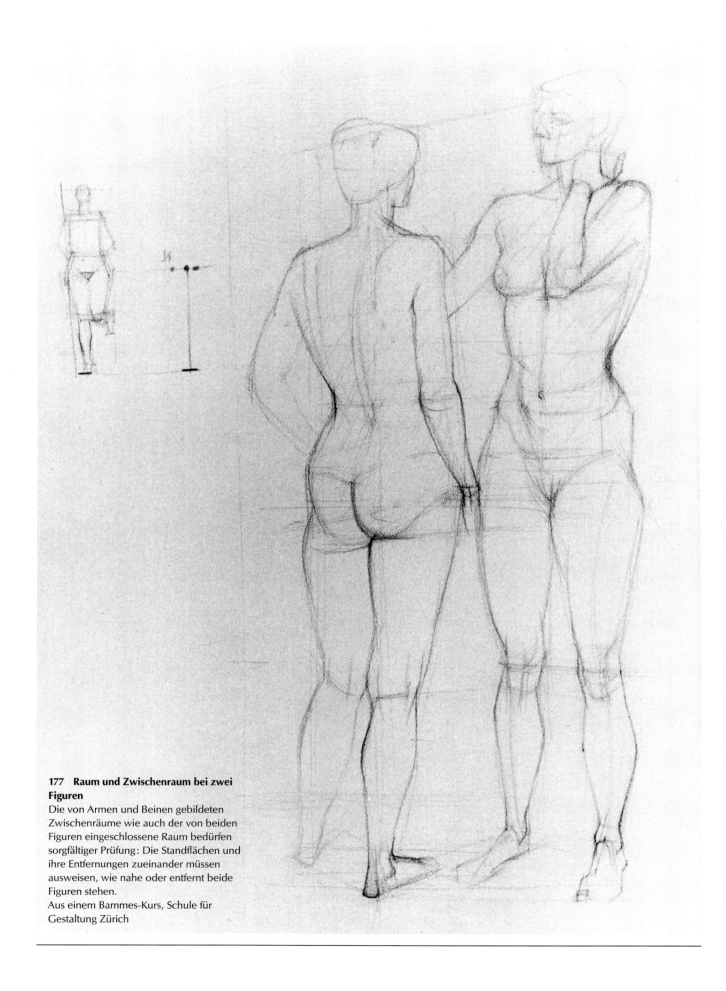

177 Raum und Zwischenraum bei zwei Figuren

Die von Armen und Beinen gebildeten Zwischenräume wie auch der von beiden Figuren eingeschlossene Raum bedürfen sorgfältiger Prüfung: Die Standflächen und ihre Entfernungen zueinander müssen ausweisen, wie nahe oder entfernt beide Figuren stehen.

Aus einem Bammes-Kurs, Schule für Gestaltung Zürich

178　Visuelle Einheit von zwei Figuren
Sollen zwei Figuren zu einer visuellen
Einheit verbunden sein, so muß man
optimale »Brücken« zwischen ihnen durch
gut gewählte Überschneidungen schaffen.
Sonst zerfällt die beabsichtigte Einheit in
zwei isolierte, für sich existierende »Gegen-
stände«.
Aus einem Bammes-Kurs, Schule für
Gestaltung Zürich

**179 Anlage einer komplizierten Sitz-
haltung mit Mehrfachfunktionen**
Die zurückgesunkene Haltung bei einseitigem Armstütz und dem auf der Seite
aufliegenden Becken erfordern für die
Anlage primäre Entschiedenheit von
Richtungsverläufen und der von ihnen
gebildeten Winkel, sekundär die Vorstellungen von Grundkörpern. Erst dann erfolgt ein
weiterer differenzierender Ausbau.

**180 Ausbau von Volumen, Körperhaftigkeit
und Funktion**
Die in Abbildung 179 vorgenommenen
Primärentscheidungen der zeichnerischen
Anlage sind auch dieser Studie vorangegan-
gen. Damit sind zugleich der figürliche
Binnenraum, die Beziehungen der Gliedma-
ßen zueinander und zum Rumpf gesichert,
so daß sich damit der Ausbau der Volumina,
Körperlichkeit und Funktion (Vorneigung
und Stützen) verquicken kann.
Fachrichtung Plastik, 4. Semester

Erfreulich :

181 Architektonisch weiter durchgearbeitete bewegte Sitzhaltung

Alle Kriterien der notwendigen zeichnerischen Vorleistungen wie in den Abbildungen 179 und 180 haben ein verläßliches Gerüst geschaffen, in das Einzelheiten eingegliedert werden können, ohne daß die Studie in eine Summe von Details zerfallen könnte.

Fachrichtung Theatermalerei, 4. Semester

182 Zusammenwirken von visuellem Gedächtnis und Vergegenwärtigungskraft

Die Sitzhaltungen und Formen des Modells sind zuvor – ohne daß gezeichnet werden durfte – ausführlich durchgesprochen worden, um dann ohne Modellanwesenheit frisch aus optischem Erlebnis, visuellem Gedächtnis und Vergegenwärtigungskraft loszuzeichnen. Andeutungen und Offen-Halten bewirken graphisch reizvollen Ausdruck.

Fachrichtung Malerei/Graphik, 4. Semester

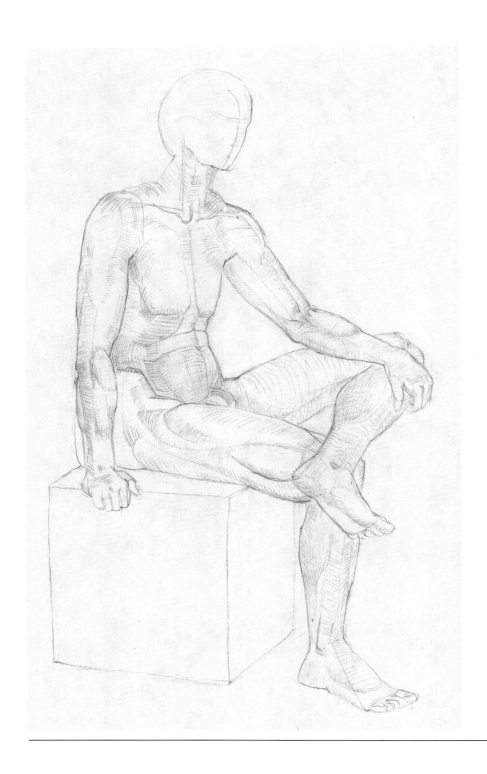

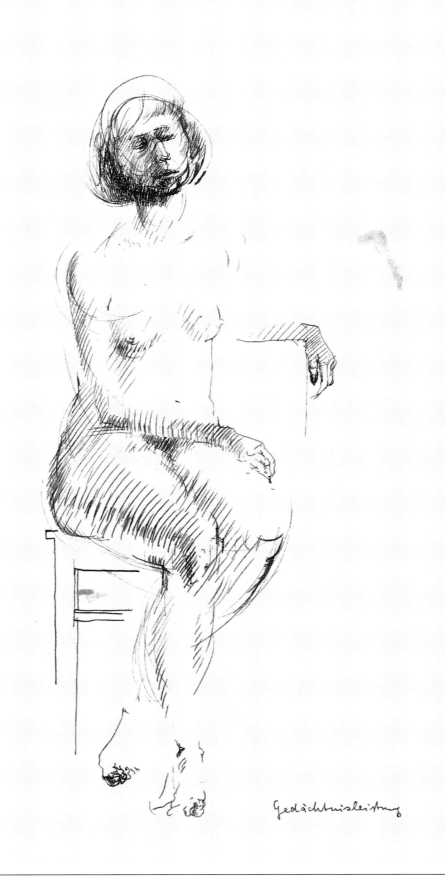

Gedächtnisleistung

183 Körper-Raum-Verbindungen

Eine Erweiterung der Studie zur Verbindung von Körper und Umraum – obwohl nicht mehr Domäne der Künstleranatomie – zeigt die Querverbindungsmöglichkeiten zum künstlerischen Naturstudium an. Von den vorderen Raumzonen taucht die Figur in die hinteren Raumschichten ein, indem das graphische Gewebe immer stärker verdichtet wird. Hier und da vorhandene Konturen sind erst am Schluß eingesetzt worden.
Fachrichtung Malerei/Graphik, 4. Semester

184 Prüfungstest für weitgehend freie Inventionen

Der ins eigene Ermessen gestellte graphische Vortrag geht von der gleichen Modellhaltung wie in Abbildung 183 aus, jedoch mußten zur gegebenen Ansicht weitere Zeichnungen mit vorstellungsmäßig veränderten Ansichten geschaffen werden.
Fachrichtung Malerei/Graphik, 4. Semester

die Darstellung
j Mitteln
Hilfe mahure
strukturellen

u des Funktion

Ansichten
Prüfung 1966

185 Begrenzung der Körperdarstellung auf drei Haupttonwerte

Damit die Aufgabe mit zwei Figuren nicht in eine Detailhäufung absinkt und der anvisierte Bildraum nicht aufgebrochen wird, ist die Aufgabe auf drei Tonwerte begrenzt: Hell- (=Papiergrund), Mittel- und Dunkeltonwert.

Arbeit eines Laienkünstlers aus der Spezialschule Malerei/Graphik

186 Plastisch und funktionell durchgearbeitete Studie

Die Übergangsform von der Sitzhaltung ins Liegen erfordert eine vielseitig gerichtete Beobachtung: die Stützkraft des Armes, die Aufhängung des Körpers am Stützarm (Schultergürtelverhalten!), die seitlich gekippte Liegehaltung des Beckens und die Staufaltung der Bauchdecke.

Fachrichtung Theatermalerei, 4. Semester

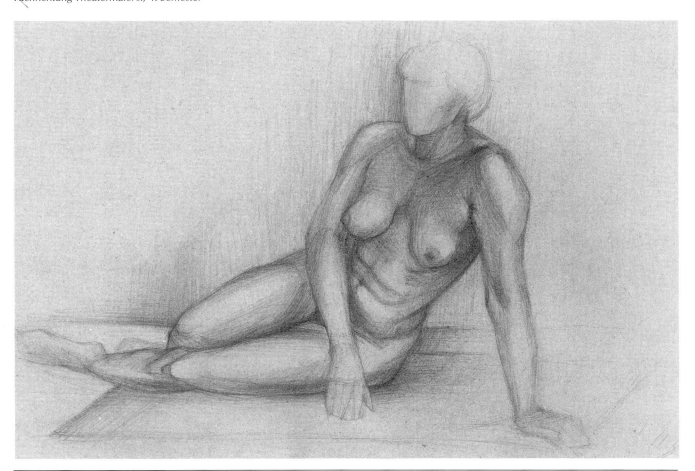

Obwohl die anatomischen Sachklärungen
immer vor der Arbeit nach dem Leben
stehen, bedürfen schwierige Modellhaltungen hin und wieder – wie hier in einer
Prüfungsaufgabe – einer Aufklärung durch
Muskelanalysen.
Fachrichtung Malerei/Graphik, 4. Semester

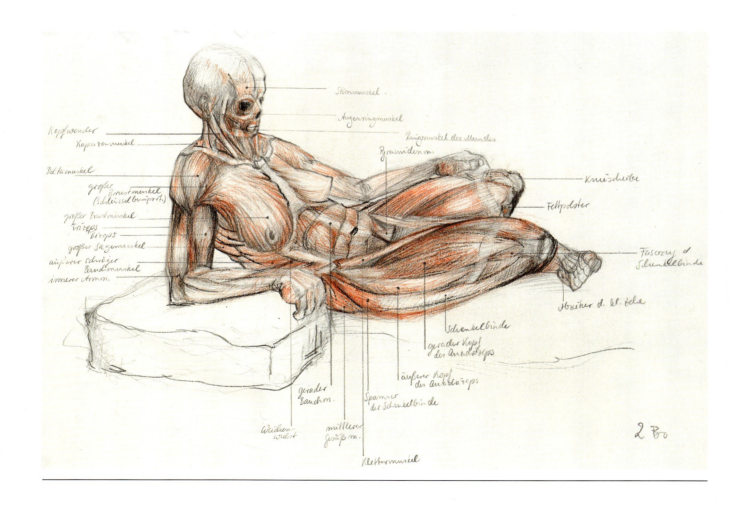

**188 Die Mitsprache des Eindrucks-
erlebnisses**
Bei aller didaktischen Wertschätzung
anatomischer Sachkenntnisse darf die Studie
nicht den lebendigen Impuls des Seherleb-
nisses verlieren. Andernfalls schrumpft sie zu
einer trockenen technischen Zeichnung
zusammen.
Fachrichtung Malerei/Graphik, 4. Semester

**189 Erarbeitung der Plastizität
durch Querschnittuntersuchungen und
verstärkende Lavierung**

Insbesondere den stark verkürzt gesehenen
Körperabschnitten gelten Untersuchungen
über den Wechsel der Dimensionen der
Körpervolumina. Lavierungen mit dem
Pinsel können einerseits die Facetten der
Flächenbrechungen plastisch hervorheben,
andererseits die penetranten Querschnitt-
angaben etwas zusammenziehen.
Fachrichtung Malerei/Graphik, 4. Semester

190 Formbesonderheiten des einfachen Liegens

Beim gleichmäßig belasteten Aufliegen von Becken und Brustkorb auf der Rückenseite muß der Zeichner das Einsinken der Bauchdecke zwischen den beiden knöchernen Zentren und das Abflachen der Brüste durch ihr Eigengewicht beachten.
Fachrichtung Malerei/Graphik, 4. Semester

191 Studium des Formverhaltens in bewegter Ruhelage

Das über seine Flanke hochgekantete Becken und der dem Boden zugekehrte, abgestützte Brustkorb sind die Ursache ungewöhnlicher funktionell-plastischer Veränderungen, so in der »Verschraubung« der Bauchdecke, im Absinken des weichen Unterbauches und der damit heraustretenden Darmbeinschaufeln sowie in der hängenden Form der Brüste.
Fachrichtung Plastik, 4. Semester

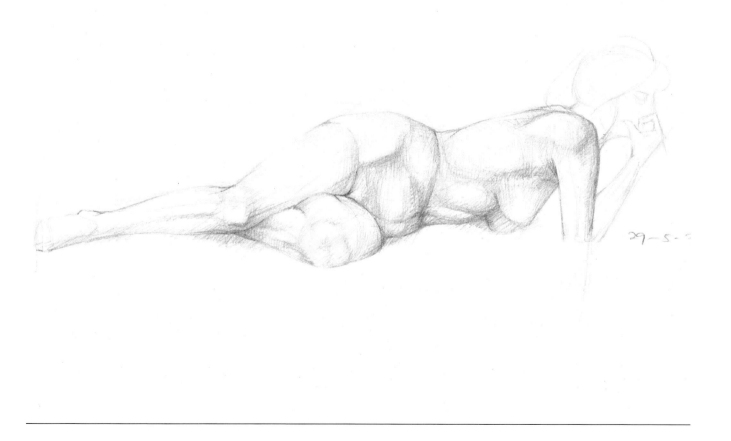

192 Mehrfachfunktionen im Sitzen und ihre Folgen

Die Schwerpunkte der Studie konzentrieren sich auf den Säulencharakter des stützenden Armes und das damit verbundene einseitige Absinken des Schultergürtels, auf die ungleichmäßige Sitzbelastung und dadurch auf das Zusammenschieben und Verdrehen der Bauchdecke.
Fachrichtung Malerei/Graphik, 4. Semester

193 Verwringungen und Dehnspannungen im bewegten Liegen

Das auf die Seite hochgestellte Becken, der jedoch auf dem Rücken liegende Brustkorb und die hinter dem Kopf verschränkten Arme wirken sich in der Bauchdecke aus als eingefallen verwrungene Spannung, bei den Brüsten als Abflachung und als Zug in Richtung auf den Hals (infolge der engen Befestigung auf dem gedehnten großen Brustmuskel).
Fachrichtung Malerei/Graphik, 4. Semester

Cäsar Olhagaray

194 Formsuchen zu freien Bewegungserfindungen

Wichtige Erholungsphase bei angestrengtem Naturstudium ist das spielerische Formsuchen für erfundene Körpergesten. Wenn dabei manche anatomischen Sachverhalte nicht getroffen werden, so werden doch die Vergegenwärtigungskräfte mobilisiert.
Fachrichtung Bühnenbild, 4. Semester

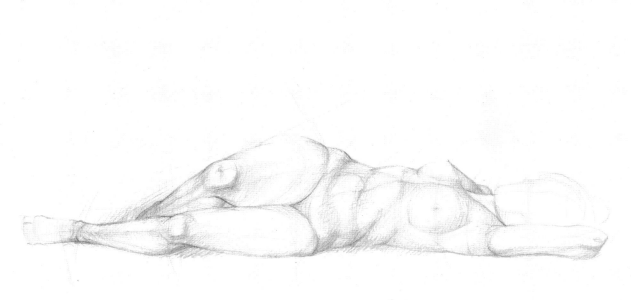

Sein Lin
28.5-73

Maica Meyer Bochum S. Ndi 1981

195 Freier Vortrag einer stark verkürzten Liegehaltung

Noch ungezwungener als in Abbildung 188 ist der graphisch lockere Ausdruck für das Seherlebnis gesucht worden. Die starke Verkürzung ist so gewählt, daß für die Gestaltwahrnehmung der Bauch noch als notwendiges Zwischenglied zwischen Schulter und Schenkeln fungieren kann. Die die Figur umfangenden Schraffuren schaffen für die Figur einen knappen, einbettenden Umraum.
Fachrichtung Malerei/Graphik,
Ende 4. Semester

Die räumliche Gesamtsituation zeigt die
Figur in einer vom vordersten Ellenbogen bis
zu den Füßen verlaufenden Schrägrichtung
bei leichter Modellaufsicht. Mit absoluter
Folgerichtigkeit hat der Zeichner die
Formmodellierungen durchgehalten durch
Vergegenwärtigung von Grundtatsachen,
daß und wie walzenförmige, vierkantige
Formen und Konen auf den Betrachter
vorstoßen oder von ihm zurückweichen.
Fachrichtung Malerei/Graphik, 4. Semester

Literaturverzeichnis

Gottfried Bammes: Die Gestalt des Menschen, Lehr- und Handbuch der Anatomie für Künstler, VEB Verlag der Kunst Dresden, 1964

Gottfried Bammes: Der nackte Mensch, Lehr- und Handbuch der Anatomie für Künstler, 6. überarbeitete und erweiterte Auflage, VEB Verlag der Kunst Dresden, 1989

Gottfried Bammes: Die Gestalt des Menschen, Lehr- und Handbuch der Anatomie für Künstler, 6. überarbeitete und erweiterte Auflage, Ravensburger Buchverlag Otto Maier GmbH, 1989

Gottfried Bammes: Figürliches Gestalten, ein Leitfaden für Lehrende und Lernende, 4. Auflage, Volk und Wissen, VEB Verlag Berlin, 1988

Gottfried Bammes: Das zeichnerische Aktstudium. Seine Entwicklung in Werkstatt und Schule, Praxis und Theorie, VEB E.A. Seemann Verlag Leipzig, 1968

Gottfried Bammes: Der Akt in der Kunst, 2. Auflage, VEB E. A. Seemann Verlag, Leipzig, 1975

Gottfried Bammes: Sehen und Verstehen, Die menschlichen Formen in didaktischen Zeichnungen, 2. Auflage, Volk und Wissen, VEB Verlag Berlin, 1988